가족법인이
답이다

가족법인이 답이다
: 부동산, 증여, 상속, 투자… 세금 없이 지배하는 법

초판 1쇄 발행 2025년 11월 11일
초판 2쇄 발행 2026년 1월 5일

지은이   김국현(비더리치)

발행인   김국현
발행처   리치타임

등록   2023년 5월 11일 (제2023-000093호)

주소   서초구 강남대로455 2층
도서문의 taxkh@naver.com

디자인   shoot

ⓒ 김국현, 2025

값 20,000원
ISBN 979-11-984519-3-4 (13320)

※ 이 책은 저작권법에 따라 보호를 받는 저작물이므로 무단전재 및 복제를 금합니다.

부동산, 증여, 상속, 투자… 세금 없이 지배하는 법

가족법인이 답이다

김국현(비더리치) 지음

리치타임

그 누구도 알려주지 않았던
'진짜' 가족법인 이야기

프롤로그

솔직히 고백하겠습니다.

이 책의 첫 문장을 쓰기까지, 저는 오랜 시간 한 가지 질문과 싸워야 했습니다.

"과연 나의 모든 것을, 이 한 권에 전부 쏟아부어도 괜찮을까?"

저는 가족법인 분야에서 실전 경험과 성과로 검증된 1등 세무사입니다. 이 말은 자랑이 아니라, 지난 수년간 수백 명의 대표님들과 함께 현장에서 울고 웃으며 쌓아 올린 '결과'이자 '사실'입니다. 그 과정에서 얻은 수많은 실제 데이터와 돈으로도 살 수 없는 노하우는 이제 저의 가장 강력한 무기가 되었습니다.

처음엔 망설였습니다.

이 무기를 단 한 권의 책으로 세상에 공개하는 것이 과연 옳은 일일까?

저와 함께 걸어온 소수의 대표님들만이 누려왔던 이 '부의 지도'를 모두에게 열어 보여주는 것이, 과연 옳은 일일까?

하지만 결론은 명확했습니다.

엉터리 정보에 휘둘리고, 어설프게 주워들은 지식으로 세금 폭탄을 맞고 좌절하는 수많은 대표님들, 제대로 된 설계도 한 장 없이 평생 일군 부(富)를 한순간에 잃고 마는 안타까운 현실 앞에서, 더 이상 눈 감고 있을 수 없었습니다.

그래서 결심했습니다.

지금껏 그 누구도 말하지 않았던, 그러나 반드시 알아야 할 '진짜' 가족법인 이야기를 시작하기로.

혹자는 이렇게 말할지도 모릅니다.

"가족법인? 그냥 세금 좀 아끼려고 만드는 거 아니야?"

"거기에 무슨 특별한 이야기가 더 있다고?"

바로 이런 얄팍한 오해와 무지가, 수많은 사람을 평생 부의 문턱에서 맴돌게 만듭니다.

문제는, 대부분의 사람들이 '대충 안다'는 착각 속에 살아간다는 사실입니다. 하지만 그 지식이 실제로는 누군가가 의도적으로 흘린 '가짜 정보'일 수 있고, 혹은 수십 년이나 지난 낡아빠진 이론일 가능성도 있다는 사실, 알고 계셨나요? 그렇다면, 왜 지금까지 아무도 이 '진짜' 이야기를 하지 않았을까요?

답은 간단합니다.

누구도 공개하지 않았기 때문입니다. 정보는 희소할수록 가치가 높아지고, 희소한 정보는 자연히 접근 가능한 사람만 누리게 됩니다. 즉, 제한된 정보는 제한된 혜택을 만듭니다. 그리고 그 정보의 '단가'는 점점 더 높아집니다.

'가족법인'은 단순한 절세 도구가 아닙니다. 진짜 부자들이 가족법인을 만드는 이유는 명확합니다. 그들에게 가족법인은 '부를 담는 그릇'이자, '자산을 지키는 철옹성'이며 '대를 이어 부를 이전하는 시스템'이기 때문입니다.

이 책은 그런 가족법인의 본질과 실전 전략을 담았습니다. 단순히 법률 조항이나 세금 지식을 나열한 설명서가 아닙니다. 돈에 대한 철학을 송두리째 바꾸고, 사업을 '부를 창조하는 시스템'으로 재설계할 수 있는 정밀한 '부의 설계도'입니다. 저는 이 책에서 여러분이 평생을 바쳐 이룬 자산을 어떻게 지키고, 어떻게 불리고, 어떻게 다음 세대에게 온전히 물려줄 수 있는지, 그 구체적인 방법과 로드맵을 전부 공개할 것입니다.

이 책을 덮는 순간, 지금까지 내가 해온 사업이 얼마나 위험한 사상누각(沙上樓閣) 위에 세워져 있었는지를 깨닫게 되는 독자가 단 한 명이라도 더 많기를 바라는 마음으로 썼습니다. 그리고 진짜 부자들이 왜 그토록 가족법인에 집착하는지, 그 이유가 좀 더 많은 독자에게 전달되기를 바라는 마음으로 썼습니다.

이제, 선택은 여러분의 몫입니다. 그동안 '희소한 사람들'만 누려온 정보와 전략이 이 책 안에 담겨 있습니다. 과거처럼 불안한 정보에 의존하며 하루하루를 버티시겠습니까? 아니면, 지금 이 순간부터 저와 함께 자신과 가족의 미래를 영원히 바꿔줄 '부의 성(城)'을 함께 쌓아 올리시겠습니까?

만약 후자를 선택하셨다면, 저는 감사와 축하의 마음으로 이 책을 건넵니다. 여러분의 인생을 바꿀 수 있다는 사실, 이 한 권으로 자신 있게 약속드립니다.

세무법인 로마 본점 대표세무사 김국현

[집필 시점의 세법 개정 안내]

2025년 11월, 정부는 2026년부터 법인세율을 단계적으로 인상하겠다고 발표했습니다. 과세표준 2억 원 이하 구간 10%, 200억 원 이하 구간 20%로 현행 대비 1포인트씩 인상될 예정입니다. 따라서 이 책의 모든 세금 계산 및 사례 분석은 2026년 시행 예정 세율을 기준으로 작성되었습니다. 이번 세율 인상은 단순한 조세부담 확대가 아니라, 소득구조를 재편하고 자산의 법인화를 통해 합리적으로 세금을 줄이는 전략의 중요성을 다시금 부각시키는 변화입니다. 세법은 누구에게나 동일하게 적용되지만, 그 안에서 어떻게 법인을 설계하고, 이익을 배분하며, 자산을 이전하느냐에 따라 결과는 완전히 달라집니다.

결국 "가족법인으로 얼마나 세금을 줄일 수 있을까?"라는 질문은 단순히 숫자 계산의 문제가 아닙니다. 이는 세법·회계·상속·가족관계·투자 전략까지 아우르는 종합적 자산 설계의 문제입니다. 특히 세율이 오르는 시기일수록 이익소각, 배당정책, 급여와 퇴직금 구조, 가수금 운용, 부채비율 관리 등 세무 전략의 정교함이 자산가의 운명을 갈라놓습니다.

세금은 단지 '얼마를 내느냐'의 문제가 아니라 '어떻게 준비하느냐'의 문제입니다. 부자들은 세금을 줄이는 것이 아니라, 세금을 '계획'합니다. 그 차이가 세금을 비용으로 잃는 사람과, 세금을 자산으로 바꾸는 사람을 나눕니다. 따라서 가족법인 설립은 단순한 절세 수단이 아닌, 미래의 부를 지키고 확장하는 합법적 시스템의 출발점임을 기억해야 합니다.

차 례

프롤로그_ 그 누구도 알려주지 않았던 '진짜' 가족법인 이야기 4

1장 당신의 자산은 왜 제자리인가
가족법인이 없어서다

"그냥 열심히 벌면 되지"의 함정: 가족법인은 왜 꼭 해야 할까?　　15
부자들이 가족법인으로 누리는 것: '가문'과 '지배권'　　24
가족법인이 필요한 사람들의 5가지 공통점　　30
　● TIP ● 가족법인 실전 활용을 위한 7가지 핵심 39
내 가족에게 맞는 법인 형태는 따로 있다: 맞춤형 가족법인 설계 전략　　40
　● TIP ● 가족법인의 미래와 대응 전략 45
가족법인 설계도: 미리 점검할 3가지 체크리스트　　47
　● TIP ● 가족법인 기본 용어 정리 53

2장 '월급쟁이 사장'과 '부의 지배자'의 갈림길
가족법인 설립 후 반드시 밟아야 할 6단계 전략

1단계_ 부의 첫걸음을 떼다: 법인의 주인을 정하라 61
- TIP 가족법인의 대표이사와 주주, 무엇이 다른가? 71

2단계_ 부를 좌우하다: 주식 구조를 설계하라 74

3단계_ 부의 미래를 열다: 자녀를 어릴 때부터 주주로 키워라 80

4단계_ 부의 중심을 세우다: 이사·감사로 내부 권력 지도를 완성하라 85

5단계_ 부의 자유를 쟁취하다: 급여를 넘어 세금의 노예에서 벗어나라 91

6단계_ 부의 자산을 키우다: 부동산과 해외주식에 투자하라 97
- TIP 가족법인 세무 리스크를 막는 철의 5원칙 103

3장 10명 중 8명은 시작부터 망한다
가족법인은 설계가 90%다

주주구성과 자본금: 누가 황금 열쇠를 쥘 것인가 109

돈이 도는 사업이 필요하다: 목적 사업 고르기 116

주소 하나에도 전략이 있다: 본점 소재지의 함정과 기회 120

99%의 대표는 '이 문서'를 읽지 않는다 126

성공하는 가족법인 설립의 9단계 로드맵 132

창업 후 반드시 해야 할 행정 절차 완벽 가이드 136
- TIP 가족법인 7대 흑역사 방지법 140

4장 100년 가는 '부의 제국'을 완성하는 지배 기술
가족법인은 '관리'가 핵심이다

법인은 만들고 나서가 진짜 시작이다   147

사업소득 vs. 임대소득 vs. 투자소득: 수익구조별 리스크와 수익률   152

자본금? 가수금? 가지급금? 비용처리?: 돈 흐름을 통제하라   157

퇴직금과 가업승계, 이 두 마리 토끼를 잡는 법   163

가족 간 분쟁을 예방하는 '부의 평화 시나리오'   169

- **TIP** 가문의 헌법 작성 체크리스트   174

세무조사는 '반드시' 온다: 표적 신호를 제거하는 핵심 전략   176

- **TIP** 세무조사 대비 7가지 점검 포인트   182

5장 가족법인으로 부자 되는 5년 각본
연차별 시나리오를 그대로 실행하라

가족법인 부자 모델: 설계 → 증여 → 배당 → 퇴직금   187

1년 차_ 설계와 설립: 구조가 80%다   194

2~3년 차_ 자산 이전과 증여: 가문으로 돈을 옮겨라   201

5년 차_ 가문의 완성: 배당과 퇴직금, 상속 설계의 핵심 구간   206

연차별 운영: 체크리스트와 관리 매뉴얼   211

- **TIP** 가족법인 실전 Q&A 20선   216
- **TIP** 세무사와 하는 가족법인 정기 점검 리스트 7   225

6장 평생 볼 수 없는 부자들의 마지막 기술
증여와 상속의 판을 바꾸는 가족법인 전략

가족법인이 부동산을 가지면 절세가 달라진다	229
가수금 플랜: 법인에 돈 넣고 빼는 세금 제로 기술	235
가족법인은 최고의 상속 도구다: 증여보다 안전하게	240
종신보험은 '죽어서'가 아니라 '살아서' 써야 한다	245
부동산 팔지 마라: 주식으로 바꿔야 이긴다	250
절세만 하지 마라: 통제권까지 확보하라	255

● TIP ● 최상위 자산가가 선택한 절세 구조 Top3 261

* 부록 책을 덮기 전에 반드시 확인할 것들

#부록 1 우리 집도 가족법인을 할 수 있을까? — 실전 체크리스트 9	266
#부록 2 정관 샘플 예시	270
#부록 3 목적 사업 예시	272
#부록 4 세무사에게 반드시 물어야 할 절대 질문 리스트 10	276

에필로그_ 이제 당신의 가족이 '우리 회사'를 만듭니다   281

1장

당신의 자산은
왜 제자리인가
가족법인이 없어서다

"그냥 열심히 벌면 되지"의 함정: 가족법인은 왜 꼭 해야 할까?

돈의 그릇, 가족법인에 담아라

많은 사업가와 투자자를 만나면서 한 가지 사실을 확신하게 되었다. 바로 '돈을 어디에 담느냐'가 그 돈의 운명을 결정한다는 점이다. 같은 1억 원이라도 개인의 주머니에 있을 때와 법인이라는 그릇에 담겨 있을 때는 세금, 운용 방식, 나아가 그 돈이 만들어내는 파급력까지 전혀 다른 결과를 낳는다. 마치 같은 물이라도 종이컵에 담으면 한 모금에 불과하지만, 저수지에 담으면 도시 하나를 살릴 수 있는 것처럼.

사업을 시작하거나 투자할 때 가장 먼저 마주하게 되는 질문은 '개인사업자로 시작할 것인가, 법인으로 설립할 것인가'일 것이다.

이때 나는 대부분의 사람에게 '가족법인'으로 시작하라고 권한다. 가족법인은 말 그대로 가족이 주주가 되어 만든 법인이다. 외부 투자자 없이 가족끼리 자본금을 모아 설립하는 구조이기 때문에 설계가 간단하면서도, 올바르게 운영하면 세금과 자산 이전, 투자 측면에서 매우 효율적인 수단이 된다.

물론 법인을 설립하는 과정에는 시간과 초기 비용, 절차적 복잡함이 따른다. 하지만 이는 단단한 집을 짓기 위한 기초공사와 같다. 처음엔 번거로워 보여도, 시간이 지날수록 그 구조의 위력이 드러난다. 세금, 자산 보호, 상속, 투자 전략 등에서 누릴 수 있는 장점은 초기의 수고를 충분히 보상하고도 남는다. 사업의 안정성과 성장 가능성은 덤이다.

그렇다면 수많은 선택지 중에서 왜 하필 '가족법인'인가? 이 질문에 대한 답은 앞으로 차근차근 살펴볼 것이다.

돈을 다루는 방식이 완전히 다르다

개인과 법인은 돈을 다루는 방식에서부터 전혀 다른 세계를 살아간다. 이 차이를 제대로 이해하지 못하면, 평생 불필요한 세금을 감당하며 살아갈 수밖에 없다.

개인사업자는 설립이 간편하고 초기 자본이 적은 소규모 사업

| 개인사업자 vs. 가족법인: 핵심 구조 |

구분	개인사업자	가족법인
설립 절차	세무서에서 사업자등록으로 간단하게 설립 가능	상법에 따른 법인 설립등기 필요
설립 비용	거의 없음	등기비용, 공증비용 등 초기 비용 발생
세율 구조	종합소득세 6~45%(8단계 초과누진세율)	법인세 10~25%(4단계 초과누진세율)
책임 범위	사업주가 모든 채무에 무한 책임	주주는 출자 자본금 한도 내에서만 책임
대외 신뢰도	사업주 개인의 신용도에 좌우	독립된 법인격으로 신뢰도 높음

에 적합하다. 하지만 일정 수준 이상의 자산을 운영하거나, 사업을 확장하고 가문 단위의 자산 전략을 구상하는 경우에는 가족법인이 압도적으로 유리하다. 그렇다면 단순히 '세금 좀 줄이기 위해' 가족법인을 선택해야 하는 걸까? 그렇지 않다. 가족법인을 선택해야 하는 진짜 이유는 따로 있다.

가족법인을 선택해야 하는 진짜 이유

1) 세금이라는 괴물을 길들이는 마법

세금은 무서운 존재다. 열심히 번 돈의 상당 부분을 순식간에 가져가는, 말 그대로 '괴물' 같은 존재다. 하지만 이 괴물을 길들일 수 있는 방법이 있다.

그 해답이 바로 가족법인이다.

개인사업자는 최고 45%에 달하는 종합소득세율을 적용받는다.

반면 가족법인은 일반적으로 20% 수준의 법인세율이 적용된다. 특히 고소득 구간으로 갈수록 세율 차이는 커진다(법인세율이 훨씬 유리하다). 이는 단순한 '몇 퍼센트 차이'의 문제가 아니다. 인생을 바꿀 수 있는 구조의 차이다.

예를 들어, 연간 소득이 3억 원인 경우를 보자.
- 개인사업자는 약 38% 종합소득세율이 적용되어 약 9,406만 원의 세금을 내야 한다.
- 가족법인은 법인세율 20%를 적용받아 약 4천만 원만 납부하면 된다.
→ 무려 5,406만 원의 절세 효과가 발생한다.

이 차이가 매년 반복되고, 복리처럼 누적된다면 결과는 상상을 초월한다.

2) 자산 승계의 기회를 창출하는 시간의 마법

가족법인의 진짜 힘은 '시간'이 지날수록 더욱 강력해진다. 특히 자산을 다음 세대로 자연스럽게 이전하는 데 가족법인은 최적의 구조다. 법인을 설립할 때 자녀를 주주로 참여시키면, 시간이 지나 법인의 가치가 상승했을 때 자녀도 그 혜택을 자연스럽게 누릴 수 있다. 이 구조 안에서는 가치 상승분이 자연스럽게 자녀에게 이전되는 셈이다.

상담을 진행하다 보면 많은 이들이 놀라는 사실이 있다. 미성년 자녀도 주주가 될 수 있다는 점이다. 이는 법적으로 아무런 문제가 없다. 오히려 반드시 포함시키는 것이 전략적으로 유리하다. 여러 가지 장점이 있기 때문이다.

예를 들어, 이제 막 태어난 아이가 있다고 가정해보자. 아직 말도 못 하고 의사소통도 불가능하다. 그런데 이 아이가 법인의 지분을 가질 수 있을까? 부모의 동의와 몇 가지 서류만 있으면 가능하다. 지분을 보유하는 데에도 아무런 문제가 없다.

갓난아기라 의사소통을 못 한다고 해서 주식을 줄 수 없을까? 그렇지 않다. 반대로, 언제부터 주식을 줄 수 있는지에 대한 명확한 기준은 세법에 정해져 있지 않다. 이는 정할 수 없는 문제이기도 하다.

"몇 살부터 주식을 줄 수 있나요?"
"유치원에 들어가면 가능한가요?"

이런 질문들은 공포심에서 비롯된 오해일 뿐이다. 세법은 '몇 살 이상'이라는 나이 제한을 두고 있지 않다. 중요한 것은 법적인 절차를 충실히 따르는 것이다.

결론적으로, 미성년 자녀를 초기에 주주로 포함시키는 것은 시간이 지날수록 가치가 폭발적으로 커지는 전략이며, 가족법인의 장점을 최대화하는 핵심 포인트다.

3) 배당을 통한 절세 증여의 비밀

가족법인은 사업이나 투자로 인한 수익이 발생하면 배당을 통해 주주에게 분배할 수 있다. 배당은 당연히 주주에게만 할 수 있다. 설립할 때 자녀를 주주로 참여시켜 놓았다면 자녀에게도 배당할 수 있다. 물론 세금은 내야 한다.

이자소득과 배당소득을 합쳐서 '금융소득'이라고 부르는데, 연간 2천만 원 이하의 금융소득은 15.4%의 세율만 적용된다. 즉, 자녀에게 연간 2천만 원을 배당해도 세금은 약 308만 원 수준으로 끝난다.

그런데 이와 관련해 종종 이런 질문을 받는다.

"미성년 자녀에게 2천만 원까지 증여세 없이 줄 수 있는데, 배당은 굳이 왜 합니까? 배당이 더 비싼 것 아닌가요?"

좋은 질문이고 지적이다. 하지만 여기서 가족법인의 진짜 가치가 드러난다.

- 미성년 자녀에게 증여할 수 있는 금액은 10년간 2천만 원까지다(비과세 한도).
- 이를 초과하는 금액에 대해서는 증여세가 부과되며, 과세표준 1억 원까지는 10% 세율이 적용된다(그 이상은 20% 세율 적용).
- 10년간 1억 2천만 원까지는 증여할 만하다. 공제 한도인 2천만 원을 제외한 1억 원에 대해 10% 세율인 1천만 원만 내면 된다(다만 이 비과세 혜택은 '10년에 한 번' 적용되는 것이므로, 10년 간격

을 계획적으로 지켜야 절세 효과를 최대화할 수 있다. 즉 5세 때 2천만 원을 비과세로 증여했다면, 증여일로부터 10년이 지나는 15세 때 2천만 원을 증여해야 비과세 혜택을 받을 수 있다).

반면 가족법인의 주주라면

- 10년 동안 10%의 세율로 1억 2천만 원까지 증여 가능하고 (동일한 혜택)
- 추가로 15.4%의 비교적 낮은 세율로 매년 2천만 원씩 10년간 총 2억 원의 배당이 가능하다(만약 가족법인의 주주가 아니라면 2억 원을 추가로 증여하면 20%의 세율이 적용된다).

4) 신뢰성 향상과 사업 확장의 무한 가능성

가족법인은 개인사업자에 비해 대외 신뢰도가 높다. 특히 대규모 거래, 입찰, 제휴, 외부 투자 유치 등에서 법인 형태는 상대방에게 안정감을 준다. 이는 마치 정장을 입고 미팅에 참석하는 것과 같다. 같은 사람이라도 보이는 격식과 신뢰도가 다르기에 첫인상이 완전히 달라진다.

또한 법인은 외부 투자 유치, 주식 발행, 채권 발행 등을 통해 자본 조달이 가능해 사업 확장에 유리하다. 개인사업자는 오롯이 개인의 신용과 담보에만 의존하지만, 가족법인은 법인 자체의 신용과 자산의 신용을 바탕으로 더 큰 기회를 만들 수 있다.

5) 법적 보호라는 든든한 방패

가족법인은 사업과 개인 재산을 완전히 분리해 관리할 수 있다. 문제가 생기더라도 소송은 법인 명의로 진행되며, 이로 인해 개인의 재산이 직접적인 법적 리스크에 노출되지 않는다. 특히 채무, 손해배상, 법적 분쟁이 발생할 경우, 법인이 있느냐 없느냐에 따라 위기 대응력이 완전히 달라진다.

가족법인 설립 시 반드시 알아야 할 주의사항

1) 세무 관리라는 생명줄

가족법인은 세무 관리가 무엇보다 중요하다. 세무조사 및 추징 위험이 항상 존재하고, 자금 흐름이 불명확하면 증여세가 부과될 수도 있다. 그래서 초기 설립부터 꼼꼼하게 세무 계획을 세워야 한다. 이는 마치 자동차를 운전할 때 교통법규를 반드시 지켜야 하는 것과 같다. 기본을 소홀히 하면 큰 사고로 이어질 수 있다.

2) 실질적인 사업 운영이 필수

가족법인은 실제로 사업이나 투자가 이루어지고 있어야 한다. 단순히 절세만을 목적으로 만들고 운영하면, 세무조사 대상이 될 가능성이 높아지고, 심한 경우 '법인격부인론'이 적용될 수도 있다.

이 개념은 법인이 실제로는 존재하지만, 그 실체가 없거나 남용

되고 있다고 판단되면 법인의 외형을 무시하고 법인의 배후에 있는 실체, 즉 대표자나 가족을 기준으로 세금이나 법적 책임을 묻겠다는 것이다. 즉, 법인을 세금 우회 수단으로만 이용하려 한다면 오히려 더 큰 리스크가 생길 수 있다.

3) 주택을 법인 명의로 보유할 때 생기는 문제

가족법인이 주택을 보유하면 세금 부담이 커질 수 있다. 종합부동산세나 취득세가 개인보다 훨씬 높게 나올 수 있으며, 주택 수에 따라 불이익도 커질 수 있다. 따라서 가족법인은 주택보다는 상가, 오피스텔, 창고 같은 수익형 부동산에 활용하는 게 더 유리하다.

부자들이 가족법인으로 누리는 것: '가문'과 '지배권'

"나는 왜 이렇게 열심히 일하는데도 세금이 많을까?"

혹시 이런 생각해본 적 없는가?

"나는 왜 이렇게 열심히 일하는데도 세금이 많을까? 부자들은 도대체 어떻게 돈을 불리는 걸까?"

그들이라고 해서 특별히 외계의 기술을 가지고 있거나, 남들이 모르는 비밀스러운 투자처를 알고 있는 것이 아니다. 그들은 단지 '게임의 룰'을 다르게 적용하고 있을 뿐이다.

부자들은 '다른 경기장'에서 뛴다

대부분의 사람들은 '개인'이라는 경기장에서 뛴다. 월급을 받고, 사업 소득을 벌어들인다. 이 돈은 모두 '나'의 주머니로 들어온다. 그리고 국가는 이 주머니를 샅샅이 들여다본 뒤, 소득이 높을수록 무겁고 가파른 세율을 적용해 세금을 거둬간다. 이후 남은 돈으로 저축하고, 투자하고, 자산을 불려 나가야 한다. 하지만 이건 밑 빠진 독에 물 붓기와 다를 바 없다. 아무리 많이 벌어도, 세금이라는 구멍으로 상당 부분이 새어나가기 때문이다.

반면 부자들은, 특히 자수성가한 부자들은 어느 시점이 되면 반드시 '가족법인'이라는 새로운 경기장을 만들기 시작한다. 이 가족법인은 부자들의 비밀 병기이자 부를 담는 그릇이며, 외부의 공격으로부터 자산을 지켜주는 견고한 성(城)이 된다.

가족법인은 나와 상관없는 얘기?

"세무사님, 저 같은 평범한 사람이 무슨 법인입니까?"

이렇게 물을지도 모르겠다. 하지만 바로 이 생각이, 당신을 평생 '세금 내기 위해 일하는 사람'으로 머물게 만드는 가장 큰 착각이다. 가족법인은 거창한 사옥이나 수십 명의 직원이 있어야 만들 수 있는 것이 아니다. 그저 당신과 가족, 그리고 미래를 담을 수 있는 '시스템'을 만드는 일일 뿐이다.

가족법인은 돈의 흐름을 바꾼다

당신의 지갑과 가족법인의 지갑, 무엇이 다를까? 핵심은 '비용을 처리하는 순서'에 있다.

- 개인: 돈을 번다 → 세금을 낸다 → 남은 돈으로 쓴다.
- 가족법인: 돈을 번다 → 먼저 쓴다(비용처리) → 남은 돈에 대해서만 세금을 낸다.

이 간단한 순서의 차이가 부의 증식 속도를 완전히 바꿔놓는다.

예를 들어, 당신이 개인으로서 자동차를 산다고 해보자. 연봉 1억 원을 받아 약 3천만 원의 세금을 낸 후, 남은 7천만 원 중 5천만 원을 모아 자동차를 사야 한다. 이 차량은 단지 당신의 '자산'일 뿐, 세금 감면에 아무 도움이 되지 않는다.

하지만 가족법인이 차량을 구매하거나 리스한다면? 그 차량은 법인의 업무용 자산이 되고 차량 구매비, 리스비, 유류비, 보험료, 수리비, 심지어 자동차세까지 전부 '법인의 비용'으로 처리할 수 있다. 즉, 법인이 1억 원을 벌었더라도 각종 비용을 선처리한 뒤 남은 금액에 대해서만 세금을 낸다는 소리다. 각종 비용을 먼저 씀으로써 과세 대상이 되는 이익 자체를 줄여버리는 것이다. 개인이라면 세후 소득으로 지출해야 할 항목들이, 가족법인에서는 세금을 내기 전의 이익에서 차감되는 마법. 이것이 바로 가족법인이 제공하는 첫 번째 혜택, '비용처리의 마법'이다.

높은 세율에서 빠져나오는 길

두 번째는 바로 '세율 자체의 구조'다.

대한민국에서 개인에게 부과되는 종합소득세는 누진세 구조다. 소득이 높을수록 세율이 급격하게 올라간다. 연 소득이 8,800만 원을 넘으면 35%, 1억 5천만 원을 초과하면 38%, 최고 세율은 무려 45%까지 치솟는다. 여기에 지방소득세까지 더하면 소득의 절반 가까이를 세금으로 내야 할 수도 있다(여기에 4대 보험료까지 포함하면 세율은 반이 넘는다).

하지만 가족법인은 어떤가? 법인세율은 상대적으로 매우 낮다. 이익 2억 원까지는 단 10%, 200억 원까지는 20%에 불과하다.

| 개인과 가족법인의 세금 차이 |

구분	순수입(과세표준) 1억 5천만 원	순수입(과세표준) 3억 원
개인 (종합소득세)	약 3,706만 원(세율 35% 적용 구간)	약 9,406만 원(세율 38% 적용 구간)
가족법인 (법인세)	1,500만 원(10% 단일 세율)	4천만 원(2억까지 10%, 초과분 20% 적용)
세금 차이	2,206만 원	5,406만 원

실제 세금은 공제 항목에 따라 달라질 수 있다. 하지만 룰 자체가 다르다는 사실은 바뀌지 않는다. 같은 돈을 벌어도 내야 하는 세금의 크기가 이렇게 다르다. 이것은 불법적인 탈세가 아니다. 국가가 정해놓은 합법적인 '룰' 안에서 어떤 경기장을 선택하느냐의 차이일 뿐이다. 부자들은 낮은 세율이라는 견고한 '성' 안에서 차곡차곡 자산을 쌓고, 대부분의 사람들은 높은 세율이라는 폭풍 속에서 버티고 있는 셈이다.

가족법인은 '부의 시스템'이다

가족법인은 단순한 절세 수단이 아니다. 그 자체로 부를 축적하고, 이전하고, 지키는 시스템이다. 당신이 열심히 일해 10억 원의 현금을 모아 자녀에게 물려준다고 가정해보자. 막대한 증여세가 부과되고, 실제 자녀가 받는 돈은 반 토막이 날 수도 있다.

하지만 가족법인의 주식을 물려준다면? 상황이 완전히 달라진다. 당신은 현금 10억 원을 자녀에게 주는 것이 아니라, 10억 원의 가치를 가진 '가족법인의 주식'을 이전하게 된다. 주식의 가치를 합법적으로 조절하고, 시간을 두고 계획적으로 증여하면 세금 부담을 현격히 낮출 수 있다.

게다가 당신이 대표이사라면, '퇴직'도 가능하다. 가족법인에 쌓인 이익잉여금을 바탕으로 수억 원의 퇴직금을 수령할 수 있고, 이 퇴직소득은 일반소득보다 훨씬 낮은 세율이 적용된다. 이것이 바로 가족법인이 제공하는 가장 강력한 '출구 전략'이다. 평생 바쳐 만든 부를, 합법적으로 가족에게 넘길 수 있는 길이다.

부자들은 세금을 '통제'한다

다시 처음의 질문으로 돌아가보자. 부자들이 가족법인을 통해 얻는 것은 무엇일까?

부자들이 가족법인을 통해 얻는 것은 단순한 '절세'가 아니다. 그들이 손에 넣는 것은 부를 지키고, 키우며, 다음 세대로 안전하게 이전하는 '시스템' 그 자체다. 세금을 내기 위해 일하는 삶에서 벗어나 세금을 '통제'하며 부를 경영하는 삶으로 전환하는 것. 그것이 바로 가족법인의 진짜 힘이다.

이 글을 읽고 계신 당신, 아직도 망설여지는가? 아직도 가족법인은 나와 상관없는 이야기라고 생각하는가? 그렇다면 당신은 부자들이 만들어놓은 '룰' 밖에서 평생 불리한 게임을 계속하게 될지도 모른다.

가족법인이 필요한 사람들의
5가지 공통점

하나라도 해당된다면 가족법인은 필수다

세무사로 일하면서 수많은 고객들을 만나다 보니, 가족법인을 꼭 만들어야 하는 사람들이 있음을 알게 되었다. 또 이들에게는 몇 가지 공통된 점이 있다는 것도.

    이번에는 가족법인을 '반드시' 만들어야 하는 사람들의 공통점에 대해 하나씩 살펴볼 것이다. 만약 이 5가지 중 하나라도 해당된다면, 가족법인 설립을 진지하게 고려해야 한다. 가족법인 설립 여부에 따라, 동일한 여건의 사람일지라도 아주 다른 결과가 나올 수 있다.

첫째, 부동산이 있다면

"세무사님, 저희 집에 부동산이 있는데 가족법인이 필요할까요?"

이런 질문을 정말 많이 받는다. 답은 간단하다. 부동산이 있다면 가족법인을 반드시 고려해야 한다. 왜 그럴까? 부동산은 시간이 지나면서 가치가 오르는 자산이기 때문이다. 특히 우리나라처럼 부동산 가격이 꾸준히 오르는 환경에서는 더욱 그렇다.

간단한 예를 들어보자. 김리치 씨 가족이 10년 전에 10억 원에 산 강남의 상가건물이 있다고 가정해보자. 지금 이 건물의 시세는 20억 원이다. 이걸 김리치 씨가 개인 명의로 계속 가지고 있다가 사망하면, 20억 원 전체에 대해 상속세가 부과된다.

하지만 가족법인을 활용하면 상황이 달라진다. 부동산을 법인에 현물출자하고, 자녀들에게 법인 주식을 단계적으로 증여하면 부동산 가치 상승분은 법인 내부에 남고 개인의 상속재산에서는 제외된다.

실제로 내가 상담한 A씨의 사례가 대표적이다. 서울 강남에 70억 원짜리 상가건물을 소유한 A씨는 건물 가치가 계속 오르자 상속세가 걱정되어 찾아왔다.

"세무사님, 건물값이 계속 오르는데 나중에 아이들이 상속세를 감당할 수 있을까요?"

A씨의 걱정은 현실적이었다. 만약 건물 가치가 100억 원까지 오른다면, 상속세만 30억 원이 넘을 수도 있었기 때문이다.

내가 설계한 방법은 가족법인을 세우고, 건물을 현물출자한 후 자녀 두 명에게 법인 주식을 10년에 걸쳐 분산 증여하는 방식이었다. 그 결과 예상 상속세 부담을 약 70% 줄일 수 있었다.

특히 다음 같은 부동산을 갖고 있다면 가족법인을 빨리 검토하는 게 좋다.

- 서울 강남권 부동산
- 개발 예정지에 있는 부동산
- 상가건물이나 오피스텔
- 임대용 부동산 여러 채

부동산 소유자가 가족법인을 활용해야 하는 이유는 명확하다. 부동산은 시간이 지날수록 가치가 상승하는 경우가 많고, 이러한 가치 상승분을 효과적으로 관리하려면 법인 구조를 활용하는 것이 가장 효율적이기 때문이다.

둘째, 자녀에게 뭔가 물려주고 싶다면

"우리 아이들 고생시키고 싶지 않아요."

부모라면 누구나 자녀에게 경제적 도움을 주고 싶어 한다. 하지만 단순히 재산을 물려주는 것과 세금을 고려해서 물려주는 것은 전혀 다른 이야기다. 일반적인 증여나 상속은 정말 높은 세율이 적용된다. 증여세, 상속세는 모두 최고 50%까지 나올 수 있다. 10억 원을 주면 최대 5억 원을 세금으로 낼 수도 있다는 뜻이다. 아무리 납세의 의무가 있다지만, 평생 열심히 모은 재산의 절반을 세금으로 내야 한다니 얼마나 억울한가.

가족법인을 활용하면 이 문제를 어느 정도 해결할 수 있다. 법인세율은 중소기업 기준으로 10~20%다. 개인의 증여세나 상속세에 비해 훨씬 낮은 세율이다.

B씨의 사례를 소개하겠다. B씨는 20억 원짜리 부동산을 자녀에게 물려주려 했는데, 직접 증여하면 6억 4천만 원의 증여세가 발생할 예정이었다.

"세무사님, 20억 원을 남겨주려는데 6억 원 넘게 세금으로 내야 한다니, 말이 됩니까?"

B씨는 억울해하면서, 화가 난다고 했다. 나는 B씨에게 가족법인을 설립하고 부동산을 현물출자한 후, 법인 주식을 단계적으로 증여하는 방식을 제안했다. 그 결과 세금 부담을 약 2억 원으로 줄일 수 있었다. 무려 4억 원 이상을 절약한 것이다.

가족법인을 통한 자산 승계의 핵심은 바로 '시간'이다. 한 번에 모든 재산을 물려주려고 하면 높은 세율이 적용되지만, 가족법인을 통해 10년, 20년에 걸쳐 단계적으로 승계하면 훨씬 효율적으로 재산을 물려줄 수 있다. 마치 건강한 다이어트와 같다. 한 번에 10kg을 빼려고 하면 몸에 무리가 가지만, 매달 1kg씩 천천히 빼면 건강하게 목표를 달성할 수 있는 것처럼 말이다. 자녀에게 재산을 물려주고 싶은 마음이 있다면, 가능한 한 빨리 가족법인을 고려해보라. 시간이 지날수록 재산 가치는 상승하고, 세금 부담도 커지니까.

셋째, 병의원·프랜차이즈·임대업을 한다면

"세무사님, 저는 치과를 운영하는데 가족법인이 필요할까요?"
"프랜차이즈 매장을 3개 운영하는데 어떻게 하면 좋을까요?"
"상가 10채를 임대하고 있는데 세금이 너무 많이 나와요."

세무사로서, 이런 질문들을 정말 자주 받는다. 병의원·프랜차이즈·임대업을 하는 사람이라면 가족법인이 정말 중요하다. 이 사업들은 안정적인 현금흐름을 만들어내기 때문에 가족법인 구조를 잘 짜두면, 그 수익을 활용해 자연스럽게 자녀에게 재산을 이전할 수 있다.

예를 들어 치과를 운영하는 C 원장은 치과 건물과 수입을 모두 개인 명의로 관리하다가 종합소득세 부담이 커서 상담을 요청해왔다.

"세무사님, 치과 수입도 많은데 건물 임대료까지 합쳐지니까 세금이 너무 많이 나와요. 뭔가 방법이 없을까요?"

나는 C 원장에게 가족법인을 설립하고, 치과 건물을 법인에 이전하도록 했다. 치과가 법인에 임대료를 지급하는 구조로 바꾸고,

자녀를 주주로 참여시켰다. 이렇게 해서 매월 발생하는 임대수익을 법인에 축적하고, 이를 통해 자녀들에게 자연스럽게 재산을 이전할 수 있었다. 게다가 법인세율이 종합소득세율보다 낮아서 세금 부담도 줄일 수 있었다.

프랜차이즈 사업도 마찬가지다. D씨는 5개의 매장을 운영하는 프랜차이즈 사업자인데, 매장이 늘어날수록 세금 부담도 커졌다.

"세무사님, 매장이 늘어날 때마다 세금도 같이 늘어나니까 정말 부담스러워요."

나는 D씨에게 가족법인을 통한 구조 개편을 제안했다. 각 매장의 부동산과 권리금을 가족법인으로 이전하고, 운영은 별도 법인을 통해 진행했다. 덕분에 자산 증식은 법인 내부에서 이루어졌고 (부동산 가치 상승분과 임대수익이 법인에 귀속) 절세 효과도 봤다.

임대업의 경우는 더욱 명확하다. 여러 채의 부동산을 임대하고 있다면, 이를 가족법인으로 관리하는 것이 세무적으로 유리하다.

"세무사님, 임대수입이 많아서 좋긴 한데 세금이 너무 많이 나와요. 손에 남는 게 별로 없어요."

E씨는 상가 15채를 보유하고 있었는데 개인 명의로 하다 보니 종합소득세가 연간 6천만 원이 넘었다(개인이 부동산 임대업을 하면 종합소득세가 부과되는데, 소득이 높아질수록 세율이 올라가 최고 45%까지 부과될 수 있다). 하지만 법인으로 임대업을 하면 일정한 법인세율이 적용되므로 세금 부담을 줄일 수 있다. E씨는 가족법인을 통해 상가들을 이전했고, 그 결과 연간 세금을 약 4천만 원 절감할 수 있었다.

| 개인 vs. 법인: 임대소득 세금 차이 |

구분	임대소득(연)	세율	세금	세후 수익
개인	2억 2천만 원	소득세율 38%	6,366만 원	1억 5,634만 원
법인	2억 2천만 원	법인세율 10%, 20%	2,400만 원[1]	1억 9,600만 원
절세 효과	—	—	약 3,966만 원 절감	—

넷째, 상속세가 걱정된다면

"저 죽고 나면 우리 아이들이 상속세 어떻게 감당하죠?"

이런 걱정은 일정 수준 이상의 자산을 가진 분들이라면 거의 공통으로 하는 고민이다. 현재 상속세는 배우자가 없는 경우 5억 원 공제 후 10%부터 시작해서 최고 50%까지 부과된다. 재산이 많을수록 더 높은 세율이 적용되는 누진세 구조다.

예를 들어 30억 원을 상속하면, 5억 원을 공제한 후 25억 원에 대해 상속세 9억 원 정도가 부가된다. 30억 원 중 9억 원을 세금으로 내야 한다는 뜻이다. 이는 상속재산의 30%에 해당하는 큰 금액이다.

더 큰 문제는 상속세는 '현금 납부'가 원칙이라는 점이다. 상속재산이 대부분 부동산이라면, 부동산을 팔아서 상속세를 내야 할 수도 있다. 이 때문에 소중한 자산을 어쩔 수 없이 처분하는 사례

---

[1] 보수적으로 성실신고 확인 대상 소규모 법인을 가정해서 세율 20%를 적용했다.

가 많다. 평생 지키고 싶었던 집을 세금 때문에 팔아야 한다니, 정말 안타까운 일이다.

F씨는 40억 원짜리 부동산을 소유했는데, 상속세가 걱정되어 나를 찾아왔다.

"세무사님, 제가 죽으면 아이들이 상속세를 얼마나 내야 할까요?"

계산해보니 예상 상속세가 약 15억 원이었다. F씨는 깜짝 놀랐다.

"그렇게나 많이 냅니까? 아이들에게 그 많은 현금이 어디 있습니까? 건물을 팔아야 하는 거 아닌가요?"

나는 F씨에게 가족법인을 통한 해결책을 제안했다. 부동산을 법인에 현물출자하고, 자녀 세 명에게 법인 주식을 10년간 증여하는 계획을 세웠다.

가족법인은 상속세를 줄이기 위한 가장 효과적인 도구다. 특히 시간이 관건이기 때문에 여유 있을 때 미리 설계해두는 것이 좋다.

다섯째, 증여는 하고 싶은데 세금이 부담된다면

"세무사님, 아이에게 돈을 주고 싶은데 세금이 너무 많이 나와요."

자녀에게 재산을 주고 싶지만 증여세 부담 때문에 망설이는 분들이 정말 많다. 이런 분들의 마음을 나는 너무나 잘 이해한다. 증여세는 10년 동안 5천만 원까지만 공제되고, 그 이상은 10%부터 시작해서 최고 50%까지 부과된다. 정말 높은 세율이다.

예를 들어, 자녀에게 10억 원을 증여하면 5천만 원을 공제한 후 9억 5천만 원에 대한 증여세 2억 2천만 원이 부과된다. 10억 원을 주려고 했는데 약 2억 2천만 원을 세금으로 내야 한다는 소리다. 결국 자녀가 받는 돈은 7억 8천만 원이 된다. 그것도 자녀가 직접 세금을 내야 하므로 현실적으로 어려움이 크다.

"이렇게 세금이 많이 나올 줄 몰랐어요. 차라리 주지 않는 게 낫지 않을까요?"

이런 말을 하는 분들을 보면 정말 안타깝다. 자녀를 생각하는 마음은 간절한데, 세금 문제 때문에 결국 포기해야 한다니 말이다.

G씨는 15억 원짜리 상가건물을 자녀 두 명에게 증여하려고 했다. 그냥 주면 4억 4천만 원의 증여세가 나올 예정이었다. 나는 가족법인을 통해 재산을 분산 이전하고, 자녀를 주주로 참여시키는 구조로 바꾼 뒤 세금을 크게 줄일 수 있었다. 이럴 때도 가족법인이 해답이다. 자산을 법인에 출자하고, 자녀에게는 주식을 장기적으로 나눠주면 세금 부담을 상당히 줄일 수 있다. 특히 자녀가 아직 미성년이자거나 소득이 없다면, 배당소득 분산도 가능하다.

앞에 소개한 5가지 중 하나라도 해당된다면, 지금이 가족법인을 고민할 타이밍이다. 준비가 빠를수록 절세 효과도 크고, 자산 승계도 훨씬 수월하다.

가족법인 실전 활용을 위한 7가지 핵심

① 부동산 보유자 필수: 가치 상승 부동산은 법인에 출자/ 자녀에게 법인 주식 단계적 증여 → 상속세 부담 감소

② 자녀 승계는 '시간' 활용: 한 번에 증여하면 세금 폭탄/ 10~20년에 걸친 단계적 승계로 효율적 자산 이전

③ 사업 수익도 법인으로: 병의원·프랜차이즈 등 안정적 현금흐름 사업/ 수익·부동산 법인 이전 + 자녀 주주 참여 → 재산 승계 + 세금 절감

④ 상속세 미리 대비: 가족법인 활용 시 현금 납부 부담 최소화/ 부동산 출자 + 주식 분산 증여로 장기 설계

⑤ 증여세 부담 해소: 법인 자산 출자 후 주식 분산 증여/ 배당소득 분산 가능 → 미성년 자녀도 효율적 재산 이전

⑥ 법인 내부 자산 활용: 재투자, 증여, 투자 확장 등 유연한 관리 가능/ 개인 자산보다 통합적 관리 효율↑

⑦ 빠를수록 유리: 준비가 늦으면 부동산 가치 상승과 세금 부담 증가/ 공통점 중 하나라도 해당되면 즉시 설계 시작

내 가족에게 맞는 법인 형태는 따로 있다:
맞춤형 가족법인 설계 전략

가족법인은 맞춤형으로 설계된 '전략 병기'다

자, 지금 당신의 가족 자산, 이대로 괜찮다고 생각하는가? 세금 폭탄 앞에서 그저 '아깝다' 하고 한탄만 할 것인가? 아니다! 가족법인은 단순히 몇 푼 아끼는 '절세 수단'이 아니다. 가족의 자산을 다음 세대로, 안정적으로, 그리고 확실하게 넘겨주는 '전략 병기'다.

하지만 아무 준비 없이 무턱대고 달려들었다간 실패하기 십상이다. 가족법인도 옷처럼 '맞춤형 설계'가 필요하다. 당신 가족에게 '딱' 맞는 전략, 지금부터 소개하겠다.

부동산 중심 가족법인: 부동산 임대소득에 시달리던 김 대표의 반전 스토리

김 대표는 수십 년간 땀 흘려 여러 채의 상가건물을 일구었다. 매달 임대료가 통장에 꼬박꼬박 들어와 흐뭇했지만, '세금'이라는 괴물이 매년 피땀 어린 수익을 갉아먹었다. 종합소득세율 45%? 이건 도둑이나 다름없었다! 게다가 자녀에게 부동산을 물려주면 '상속세 폭탄'까지 기다리고 있다. 이대로 포기해야 할까? 절대 아니다.

바로 이런 분들에게 필요한 게 '부동산 중심 가족법인'이다. 핵심은 간단하다. 상가건물을 개인 명의가 아닌, '법인 명의'로 이전하는 것이다. 그러면 종합소득세율 45%가, 단숨에 법인세율 20% 수준으로 떨어진다.

주의할 점도 있다. 법인은 '주택'보다 '수익형 부동산(상가, 오피스텔 등)'을 다루는 게 유리하다. 괜히 주택을 법인 명의로 소유했다가 종합부동산세, 취득세 폭탄을 맞을 수도 있다. 그리고 무엇보다 중요한 건 자산을 건물로 물려주는 게 아니라 '법인 지분'으로 넘기는 것이다. 김 대표는 이 전략을 통해 세금을 줄이면서, 자산을 영구히 이어갈 수 있는 기반을 만들었다. 이것이 바로 현명한 부자의 선택이다.

사업 중심 가족법인: 세금 때문에 주저앉을 뻔한 이 대표의 성장 전략

이 대표는 탁월한 아이디어로 IT 스타트업을 성장시켰다. 회사가 고속 성장하자 소득도 늘었고, 어느새 '돈방석'에 앉았다. 하지만 바로 그 순간, '종합소득세'라는 세금 괴물이 고개를 들었다. 소득이 늘수록 세금은 기하급수적으로 불어났고, 외부 투자자들 앞에서는 "아직도 개인사업자예요?"라는 말에 주눅 들기도 했다.

이 대표에게 필요한 해답은 '사업 중심 가족법인'으로의 과감한 전환이다. 법인으로 전환하면 단순한 절세를 넘어, 사업과 가족 자산 모두를 체계적으로 관리할 수 있는 다양한 혜택과 전략을 활용할 수 있다.

- 창업세액감면: 법인전환 시 최대 5년간 법인세를 50~100% 감면받을 수 있다.[2]
- 신뢰와 성장 기반 확보: 이제는 '개인사업자'가 아닌 '법인 대표'로서 인정받게 된다.
- 소득 분산 전략: 대표는 적정 급여만 받고, 나머지는 가족 임원이나 주주에게 급여 또는 배당으로 분산할 수 있다.

---

2) 사업 초기에 세금을 거의 내지 않아도 된다는 뜻이다. 물론 창업했다고 무조건 감면이 되는 것은 아니다. 가능한지, 가능하게 만들 수 있는지는 가족법인 전문가의 영역이라고 할 수 있다.

단, 여기서 주의할 점이 하나 있다. 가족에게 지급하는 급여는 반드시 '실제 업무에 대한 합당한 대가'여야 한다. 관련 기록과 증빙을 꼼꼼히 남기는 것을 잊지 말아야 한다. 그것만이 성장과 절세, 두 마리 토끼를 잡는 길이다.

자산 승계 중심 가족법인: 자식에게 '자산'을 넘어 '자유'를 물려주고 싶었던 박 회장의 선택

박 회장은 평생 사업으로 큰 부를 이루었다. 이제는 자녀에게 그 자산을 넘겨주고 싶은 시점이다. 그런데 문제는 증여세와 상속세다. 현금이나 부동산을 덜컥 물려줬다간, 자녀가 감당 못 할 세금에 허덕일 수 있다. 자산을 넘긴다고 해도 결국 '빚'을 함께 넘겨주는 셈이다. 이때 필요한 전략이 바로 '자산 승계 중심 가족법인'이다. 이 전략은 단순한 증여가 아니라 '레버리지'를 쓰는 것이다. 즉, 법인을 활용하면 세금 부담을 줄이면서 자녀에게 물려줄 수 있다.

- 법인을 새로 만들고, 자산(예: 부동산)을 현물출자 또는 저가 양도한다.
- 그 법인의 지분을 자녀에게 분산 증여한다.
- 자산은 법인에 남고, 자녀는 그 자산을 지배하는 주주가 되는 구조다.

가족법인 전환은 단순한 자산 이전이 아니다. 자산을 증식시키는 시스템 자체를 상속하는 일이다. 가족법인은 상속세와 증여세를 극적으로 줄이는 '마법'이자, 장기적으로는 자녀의 자산이 불어나는 효과까지 누릴 수 있다. 단순히 '재산'을 물려주는 것과 '재산을 증식시키는 시스템'을 넘겨주는 것. 어느 쪽이 더 현명한지는 자명하다.

그러나 이 과정은 절대 혼자 해서는 안 된다. '법인격부인론'이나 '특수관계인 규제'와 같은 법적 함정과 리스크가 곳곳에 도사리고 있기 때문이다. 그래서 반드시 가족법인 전문 세무사와 전문가들을 '전략 참모'로 삼아야 한다. 전문가 집단과 함께 치밀하게 설계하고, 한 치의 오차도 없이 법인을 투명하게 운영하는 것이 성공의 열쇠다.

가족법인은 '시작'이 아니라 '설계'가 전부다

가족법인은 단순히 '법인 하나 설립하는 일'이 아니다. 가족의 미래를 책임지는 '시스템'이고, 가문을 이어갈 '방패'이자 '무기'다. 무엇보다 중요한 건, 우리 가족에게 딱 맞는 전략으로 설계하고, 투명하게 운영하는 것이다. 가족법인은 '시작'이 아니라 '설계'가 전부다. 이제 선택은 당신에게 달려 있다. 다음 글에서는 가족법인을 설계할 때 꼭 고려해야 할 3가지 체크리스트를 설명할 것이다.

가족법인의 미래와 대응 전략

정부는 최근 가족법인을 활용한 과도한 절세를 견제하는 쪽으로 세법을 개정하고 있다. 하지만 합법적이고 정당한 절세 전략은 여전히 유효하다.

앞으로 변화할 수 있는 주요 사항은 다음과 같다.

- 배당소득 과세 강화
- 가족법인 특례 축소
- 실질과세 원칙 강화 등

이에 대응하기 위해서는 다음과 같은 운영 원칙이 필요하다.

① 설립 단계
- 사업 목적을 명확히 정의하고
- 가족별 역할과 지분 구조를 정교하게 설계하며
- 세무 전문가의 조언을 반드시 받는다.

② 운영 단계

- 정기적으로 주주총회를 열어 회의록을 보관하고
- 급여와 배당 지급 기준을 명확히 하며
- 회계를 투명하게 처리한다.

③ 관리 단계

- 세무 리스크를 정기적으로 점검하고
- 법령 변화에 발 빠르게 대응하며
- 가족 구성원 교육과 전문가 네트워크를 꾸준히 유지한다.

가족법인 설계도:
미리 점검할 3가지 체크리스트

우리 가족에게 맞는 '자동차 모델'을 골랐다면

이제 머릿속에는 '부동산 중심 가족법인', '사업 중심 가족법인', 혹은 '자산 중심 가족법인' 등 구체적인 가족법인의 형태가 어느 정도 그려졌을 것이다.

"그래, 바로 이거야! 이 형태로 만들면 되겠다!"

마치 우리 가족에게 딱 맞는 멋진 자동차 모델을 고른 것처럼 마음이 설레고, 당장이라도 계약서에 도장을 찍고 싶은 기분일 것이다.

하지만 잠시 숨을 고를 필요가 있다. 세상에서 가장 빠르고 멋진 스포츠카를 골랐다 하더라도, 운전할 당신에게 면허가 없거나 그 차가 달릴 도로가 비포장 자갈밭이라면 어떻게 되겠는가? 당신의 꿈과 희망을 실은 그 자동차는 차고에 방치되어 먼지만 쌓이다 결국 고철이 되어버릴지도 모른다.

가족법인 설립은 단순히 '형태'를 고르는 것에서 끝나지 않는다. 그 형태라는 그릇에 무엇을 담을 것인지, 그리고 그 그릇을 운용할 '우리'는 준비가 되어 있는지 냉철하게 점검하는 과정이 반드시 필요하다. 가족법인을 만들지 말라는 뜻이 아니다. 오히려 당신이 고른 멋진 자동차가 10년, 100년을 질주할 수 있도록, 출발 전 마지막 안전 점검을 하자는 의미다.

지금부터 제시할 이 체크리스트에 스스로 정직하게 답해보길 바란다.

CHECK 1_ 내가 선택한 그릇에 담을 내용물은 '진짜'인가?

가장 근본적인 질문이다. 당신이 선택한 그 멋진 '가족법인'이라는 그릇에 담으려는 것이, '진짜 사업'이라고 당당히, 그리고 자신 있게 말할 수 있는가?

국세청은 바보가 아니다. 수많은 법인을 매일같이 들여다보며, 그 법인이 진짜 사업을 위해 만들어졌는지, 아니면 단순히 세금을 피하려는 '껍데기'인지 판단하고 있다.

예를 들어, 당신이 설립한 '사업 활동 법인'이 별다른 매출 없이 명패만 걸어둔 상태라면?

그 순간 국세청은 가족법인을 향해 '부당행위계산부인'이라는 날카로운 칼을 겨눌 것이다. "이 법인은 실체 없는 껍데기일 뿐이며, 따라서 이 법인이 얻은 모든 세금 혜택은 무효다. 모든 소득은 대표 개인의 소득으로 간주하여 다시 세금을 계산하겠다"라고 말이다. 그렇게 되면 애써 준비한 멋진 그릇은 빼앗기고, 내용물까지 길바닥에 쏟아지는 셈이다.

겁이 날 수도 있지만, 너무 걱정할 필요는 없다. 실제 사업이라는 개념이 어렵게 느껴진다면, 가족법인 전문가가 충분히 도와줄 수 있다. 이제, 법인을 설계할 때 반드시 점검해야 할 핵심 질문들을 살펴보자.

- 내가 선택한 법인 형태(임대업, 컨설팅업, 제조업 등)에 부합하는 명확한 '수익 모델'이 존재하는가?
- 그 법인의 목적에 맞는 적극적인 '사업 활동' 계획이 구체적으로 수립되어 있는가?
- 왜 '개인'이 아니라 '법인' 형태로 이 사업을 해야 하는지에 대한 명확한 이유를 제3자에게 명확히 설명할 수 있는가?

CHECK 2_ 이 차에 함께 탈 나의 가족은 '한 팀'이 될 준비가 되었는가?

앞서 지분 구조를 설계하며, 배우자와 자녀를 '주주'로 참여시켰을 것이다. 이는 부의 고속도로를 함께 달리기 위한 최고의 전략이지만, 동시에 가장 큰 '인간 리스크'를 내포하고 있다.

주주명부에 이름을 올리는 일은 단순한 서류 절차가 아니다. 그것은 배우자와 자녀에게 '법적 소유권'을 부여하는 중대한 행위다. 지금은 말을 잘 듣는 착한 아들, 딸일지라도 10년 뒤에는 전혀 다른 상황이 펼쳐질 수 있다. 만약 아들이 이혼하게 된다면, 전 배우자가 아들의 지분을 두고 재산분할을 요구하며 달리는 차의 핸들을 빼앗으려 할 수도 있다. 형제들 간에 운영권을 두고 갈등이 발생하면, 차는 주행 도로를 벗어나 방향을 잃고 두 쪽으로 갈라질 수도 있다. 따라서 주주가 될 가족 구성원들이 반드시 이해하고 준비해야 할 핵심 사항들을 점검해보자.

- 우리가 세운 가족법인의 비전과 목표에 대해 모든 가족 구성원이 충분히 이해하고, 동의하고 있는가?
- 주주가 될 가족 구성원들은 '주주'로서의 권리와 책임을 명확히 인지하고 있는가?
- 이혼, 상속, 의견 충돌 등 미래에 발생할 수 있는 분쟁 상황에 대비한 최소한의 규칙(주주 간 계약 등)을 마련했는가?

CHECK 3. 운전대를 잡을 나는 '새로운 교통법규'를 지킬 준비가 되었는가?

개인사업자 대표들이 가장 흔히 저지르는 실수는 회사 자금과 개인 자금을 구분하지 않는 것이다. 사업용 통장을 '또 하나의 내 지갑'으로 생각하는 것이다.

그러나 가족법인이라는 새로운 자동차의 운전대를 잡는 순간, 이러한 관행은 모두 문제가 된다. 법인의 통장은 더 이상 당신의 지갑이 아니다. 그것은 '법인'이라는 또 다른 인격체의 재산이다. 당신이 법인 돈 1만 원이라도 마음대로 가져다 쓰는 순간, 그것은 곧 '횡령'이라는 딱지를 떼는 난폭운전이 된다. 아무리 가족이 주주라 하더라도, 법인의 자금은 '가족의 돈'이 아닌 '법인의 돈'이라는 사실을 명확히 인식해야 한다.

당신은 이제 회사로부터 '정해진 급여'를 받는 근로자이며, 결산이 끝난 후 정당한 절차를 거쳐 '배당'을 받는 주주가 되어야 한다. 이는 단순한 운전 습관의 변화가 아니다. 당신의 정체성과 사고방식이 '내 차의 주인'에서 '회사의 드라이버이자 주주'로 바뀌는, 근본적인 사고방식의 전환이 요구되어야 함을 의미한다. 따라서 이러한 역할 전환에 맞춰 재정 관리 습관과 책임 의식을 점검해야 한다.

- 나는 법인카드와 개인카드를 철저히 분리하여 사용할 준비가 되어 있는가?
- 개인 용도로 법인의 자금을 유용하지 않겠다는 확고한 다짐이 되어 있는가?
- 정해진 급여와 배당 외에는 법인의 자금에 손대지 않을 수 있는 재무적·심리적 준비가 되어 있는가?

이 3가지 질문에 단 하나라도 자신 있게 "예"라고 답할 수 없다면, 아직 시동을 걸 때가 아니다. 이 점검 리스트는 당신의 가족법인 설립을 가로막기 위한 것이 아니다. 오히려 당신을 보호하기 위한 최소한의 예방 장치다.

이 질문들을 통해 사업 계획을 더 견고히 다지고, 가족 간의 결속을 공고히 하며, 당신 자신을 더욱 단단한 경영인으로 단련시켜야 한다. 모든 준비가 끝났을 때, 당신이 선택한 가족법인은 세금 폭탄에도 무너지지 않고, 가족 갈등에도 흔들리지 않으며, 100년을 이어갈 위대한 '부의 자동차'가 되어 있을 것이다.

가족법인 기본 용어 정리

앞선 글에서는 왜 부자들이 '가족법인'이라는 새로운 경기장을 만드는지에 대해 이야기했다. 많은 분들이 고개를 끄덕였을지라도, '법인', '세금'이라는 단어 앞에서 왠지 주눅이 들었을지도 모른다. 마치 낯선 외국에 처음 발을 디딘 것처럼, 알아들을 수 없는 말들에 둘러싸여 불안하고 막막한 기분이 드는 것은 자연스러운 일이다.

하지만 두려워하지 말자. 여러분을 가로막는 건 지식의 부족이 아니라, 낯섦에서 오는 막연한 공포일 뿐이니. 지금부터 그 낯선 단어들을 여러분의 언어로, 여러분의 비즈니스를 위한 강력한 무기로 바꾸어보자.

◊ 가족법인이라는 세계의 언어, 이것만 알면 끝이다

세상 모든 일에는 '룰'이 있고, 그 룰은 '용어'로 이루어져 있다. 지금부터 배울 용어들은 당신이 부의 경기장에서 승리하기 위해 반드시 알아야 할 핵심 규칙들이다. 하나씩, 아주 쉽게 풀어나가 보자.

① 두 명의 플레이어: 개인 vs. 가족법인

이 게임에는 두 명의 선수가 있다. 바로 '개인'과 '가족법인'이다.

- 개인: 바로 지금의 당신이다. 모든 소득이 '김국현'이라는 개인의 이름 앞으로 귀속된다. 국가(과세관청)는 이 '개인'이라는 단 하나의 선수에게 모든 세금을 매긴다. 말 그대로 혼자서 모든 공격을 막아내야 하는 외로운 플레이어다.
- 가족법인: 앞으로 당신이 만들어갈 새로운 플레이어다. 당신과 가족이 주주가 되어 함께 운영하는 또 하나의 '인격체(人格體)'이며, 법적으로는 개인과는 별개의 존재다. 가족법인은 스스로의 이름으로 돈을 벌고, 세금을 내며, 고유한 전략으로 움직이는 또 하나의 강력한 플레이어다.

② 각 플레이어에게 부과되는 세금: 종합소득세 vs. 법인세
각기 다른 플레이어는 서로 다른 종류의 세금을 부과받는다.

- 종합소득세: '개인' 플레이어에게 부과되는 세금이다. '종합(綜合)'이라는 말 그대로 월급이든 사업소득이든, 이자든 월세든, 그 모든 소득을 한데 묶어 한꺼번에 과세한다. 마치 온몸에 그물을 던져 한 번에 훑어가는 것과 같다. 빠져나갈 구멍이 거의 없다.
- 법인세: '가족법인' 플레이어에게 부과되는 세금이다. 핵심은 '이익'이라는 단어다. 가족법인은 각종 비용을 지출한 후, 남은 돈(이익)에 대해서만 세금을 낸다. 공격받는 범위를 스스로 좁힐 수 있는 구조인 셈이다.

③ 세금을 계산하는 기준: 과세표준
많이 받는 질문이 있다.

"도대체 세금은 어디에 붙는 겁니까? 제가 번 돈 전체에 붙는 건가요?"
아주 좋은 질문이다. 세금은 당신이 벌어들인 돈(매출) 전체에 붙는 것이 아니라 '과세표준', 즉 세금을 부과하는 표준 금액에 대해서만 붙는다.

과세표준 = 총수입 - (필요경비 또는 소득공제) = 사업으로 번 돈 - 쓴 돈

이 개념이 매우 중요하다. 부자들의 게임은 결국 이 '과세표준'을 합법적으로 얼마나 줄이느냐의 싸움이다. 개인은 공제받을 수 있는 항목이 제한적이지만, 가족법인은 사업과 관련된 거의 모든 지출을 비용으로 인정받아 과세표준을 극적으로 낮출 수 있다. 자동차, 사무실 임대료, 접대비, 심지어 대표 본인의 급여까지도 비용처리가 가능하다. 물론 이는 실질적인 사업 활동이 있어야 하며, 해당 지출이 사업과 관련돼 있어야 한다.

④ 실제 세액을 결정하는 비율: 세율
과세표준이 정해지면, 여기에 '세율'을 곱해 실제로 납부해야 할 세금이 계산된다. 중요한 점은, 개인과 가족법인에게 적용되는 세율 구조가 완전히 다르다는 점이다.

• 개인의 소득세율 추가: 누진 구조
개인은 누진세율의 적용을 받는다. 즉, 소득이 많을수록 높은 세율이 적용된다. 예를 들어, 연 소득이 1억 5천만 원을 넘으면 35%, 5억 원을 넘으면 최고 45%의 세율이 적용된다. 벌면 벌수록 더 가파른 세금의 벽을 오르게 된다.

- 가족법인의 법인세율 추가: 단일에 가까운 구조

반면, 가족법인은 매우 단순한 세율 구조를 가진다.

— 과세표준 2억 원까지는 10%

— 2억 초과~200억 원까지는 20%

— 그 이상은 25%

대부분의 가족법인은 10~20% 수준에서 세금을 납부한다. 개인이 가파른 계단을 헉헉대며 오를 때, 가족법인은 완만한 경사로를 여유롭게 걷는 셈이다.

이 용어들을 앞에 나온 표에 다시 한번 대입해보면 확연한 차이를 알 수 있다.

| 개인과 가족법인의 세금 차이 |

구분	순수입(과세표준) 1억 5천만 원일 때	순수입(과세표준) 3억 원일 때
개인(종합소득세)	약 3,706만 원 (세율 35% 적용 구간)	약 9,406만 원 (세율 38% 적용 구간)
가족법인(법인세)	1,500만 원 (10% 단일 세율 적용)	4천만 원 (2억까지 10%, 초과분 20% 적용)
세금 차이	2,206만 원	5,406만 원

* 실제 세액은 공제에 따라 달라질 수 있다.

이제 이 표가 완전히 다르게 보일 것이다. 더 이상 암호처럼 느껴지지 않을 것이다. '개인'이라는 선수는 '종합소득세'라는 무거운 족쇄를 차고 '누진세율'이라는 가파른 계단을 오른다. 반면, '가족법인'이라는 선수는 '법인세'라는 가벼운 신발을 신고 낮은 세율의 길을 달리고 있다. 같은 경기장을 뛰지만, 룰이 다르고, 결과가 다르다.

세금은 피할 수 없는 현실이지만, 동시에 가장 확실히 관리할 수 있는 영역이기도 하다. 제도의 구조를 알면 불확실성은 줄어들고, 앞으로의 선택은 훨씬 분명해진다. 작은 차이가 쌓여 큰 결과로 이어지듯, 세금에 대한 이해도 결국 자산을 지키는 힘이 된다. 이제 필요한 것은 지식에 행동을 더하는 일이다.

2장

'월급쟁이 사장'과 '부의 지배자'의 갈림길

가족법인 설립 후 반드시 밟아야 할 6단계 전략

1단계_ 부의 첫걸음을 떼다: 법인의 주인을 정하라

대표이사 vs. 주주, 누가 진짜 주인인가

법인을 설립하려는 분들이 가장 많이 묻는 질문 중 하나가 있다.

"대표이사와 주주는 무엇이 다른가요?"

나는 이 질문을 받을 때마다 이렇게 답한다.

"둘 다 회사와 관련된 사람이지만, 역할과 책임은 전혀 다릅니다."

가족법인은 말 그대로 가족 구성원들이 주주로 있는 법인이다. 대표이사는 가족 중 한 명, 보통 부부 중 한 명이 맡는다. 하지만 많은 사람이 대표이사와 주주, 이 둘을 혼동한다. 특히 가족법인에서는 대부분의 가족이 대표이사이면서 동시에 주주인 경우가 많기 때문에 헷갈리기 쉽다.

예를 들어, 아버지가 대표이사이고 어머니와 자녀가 주주일 때, 아버지는 회사 운영과 의사결정에 직접 책임을 지지만, 주주인 가족들은 회사의 의사결정에는 참여하지 않으면서 배당과 의결권 등 권리만 가진다. 이처럼 역할과 권한이 명확히 다르기 때문에 이 차이를 정확히 이해하는 것이 매우 중요하다.

대표이사와 주주가 혼동될 경우, 세금 부담을 잘못 계산하거나 회사 운영 권한과 책임을 잘못 배분하게 되어 법인 운영 자체가 흔들릴 수 있다. 즉, 법인의 주인을 명확히 정하는 일은 단순한 서류 작업이 아니라 가족 구성원 각자의 역할과 책임, 권한과 세금을 정확히 이해하고 배분하는 매우 중요한 첫걸음이다.

주주는 회사의 '소유자', 대표이사는 회사의 '경영자'

먼저 기본 개념부터 정리해보자. 주주는 한마디로 회사의 '소유자', 즉 회사에 돈을 투자한 사람이다. 만약 가게를 차린다고 생각해보자. 여기엔 임대료, 인테리어비, 장비값 등 돈이 필요하다. 이 돈을 내는 사람이 바로 주주다.

예를 들어 김리치 씨가 치킨집을 차리는 데 1억 원이 필요하다고 하자. 김리치 씨 혼자 1억 원을 모두 낸다면 김리치 씨가 100% 주주가 된다. 만약 김리치 씨가 6천만 원, 이부자 씨가 4천만 원을 냈다면 김리치 씨가 60%, 이부자 씨가 40% 주주인 것이다.

대표이사는 회사를 실제 운영하는 사람이다. 다시 치킨집 예시로 돌아가 보면, 치킨집에 돈을 투자한 사람(주주)과 달리, 치킨을 직접 튀기고 손님을 받는 사람이다. 대부분 치킨집 대표가 돈도 내고 직접 운영도 한다. 이 경우 그 사람은 주주이면서 동시에 대표이사가 되는 것이지만, 역할은 분명히 다르다. 주주는 회사에 돈을 투자하고 그 대가로 '배당'을 받고, 대표이사는 경영 대가로 '급여'를 받는다.

권한과 책임은 완전히 다르다

주주가 되면 어떤 권한을 갖게 될까? 첫째, 의결권이 있다. 회사의 중요한 결정을 할 때 투표할 권리다. 둘째, 배당청구권이 있다. 회사가 돈을 벌면 그 이익을 나눠 받을 권리다. 셋째, 잔여재산분배청구권이 있다. 회사를 정리할 때 남은 재산을 나눠 받을 권리다.

주주와 대표이사의 권한과 책임		
구분	주주	대표이사
정체성	회사의 소유자	회사의 경영자
돈의 흐름	회사에 돈을 넣는 사람	회사에서 돈을 받는 사람
주요 권한	의결권, 배당청구권, 잔여재산분배청구권	대표권, 업무집행권, 직원 관리권
책임 범위	투자한 금액만큼만 책임(유한책임)	회사 경영에 대한 무한책임
소득 성격	배당소득(15.4% 분리과세)	근로소득(6~45% 누진세)
임기	주식 보유 기간 동안 계속	정관에서 정한 기간(보통 3년)

하지만 주주의 책임은 제한적이다. 투자한 금액만큼만 책임을 진다. 예를 들어 1천만 원을 투자했다면, 회사가 망해도 1천만 원 이상의 손실은 보지 않는다. 이를 '유한책임'이라고 한다.

반면 대표이사는 어떨까? 대표이사는 회사 대표권을 가진다. 회사를 대표해서 계약을 맺을 수 있고 업무집행권도 있다. 회사의 일상적인 업무를 처리할 수 있다. 직원 관리권도 있다. 직원을 채용하고 관리할 수 있다. 하지만 대표이사의 책임은 무겁다. 회사 경영에 대해 무한책임을 진다. 회사가 잘못된 방향으로 가거나 법적 문제가 발생하면 대표이사가 책임을 져야 한다.

세무적 관점에서 보는 결정적 차이

세무적으로 보면 대표이사와 주주는 완전히 다른 소득을 받는다. 이 차이를 이해하는 것이 절세의 핵심이다. 대표이사는 근로소득을 받는다. 급여, 상여금, 퇴직금 등이 모두 근로소득에 해당한다. 근로소득은 종합소득세 대상이고, 6%부터 45%까지의 누진세율이 적용된다. 소득이 높을수록 세율이 높아지는 구조다.

주주는 배당소득을 받는다. 배당소득은 2천만 원까지는 15.4%의 분리과세가 적용된다. 초과분은 종합소득세에 합산되지만, 2천만 원까지는 소득 수준에 관계없이 15.4%의 고정 세율이 적용된다.

가족법인 구성 실전 패턴

그렇다면 가족법인에서는 어떻게 구성해야 할까? 몇 가지 패턴을 살펴보자.

1) 부모가 대표이사, 자녀가 주주

부동산임대업을 하며 충분한 재산을 일군 박 씨 부부는 상속세 부담에 큰 걱정을 하고 있었다. 세금 부담이 너무 무거웠기 때문이다. 이에 가족법인을 설립해 아버지가 대표이사가 되고, 주식은 대학생 아들이 50%, 고등학생 딸이 50% 보유하도록 구성했다.

그 결과, 박 씨는 대표이사 급여로 월 300만 원을 받아 근로소득으로 신고했으며, 자녀들은 각각 연간 2천만 원씩 배당을 받아 15.4%의 분리과세 세율을 적용받았다. 시간이 지나면서 법인의 가치가 상승하자, 자녀들의 재산도 자연스럽게 늘어 상속세 절감 효과를 누릴 수 있었다.

2) 배우자가 대표이사

김리치 씨는 대기업에 다니고 있어서 겸직이 어려운 상황이었다. 그러나 부동산 투자를 통해 추가 소득을 만들고 싶어 아내를 대표이사로 세우고, 남편은 주식 60%, 아내는 40%의 주식을 보유하는 구조로 가족법인을 설계했다.

그 결과, 소득 분산 효과를 누릴 수 있었으며, 남편은 직장 급여를 받고 아내는 법인 급여를 받아 전체적으로 더 낮은 세율 구간을 적용받았다. 겸직 문제도 해결되었고, 남편은 직장에 집중하는 한편 아내가 법인 운영을 담당하는 역할 분담도 가능해졌다.

3) 미성년 자녀도 주주로 참여

"우리 아이가 아직 초등학생인데 주주가 될 수 있나요?"라는 질문을 자주 받는다. 결론부터 말하자면, 미성년자도 법정대리인(부모)의 동의만 있으면 주주가 될 수 있다.

이 씨 가족의 사례를 보면, 아버지 이 씨가 대표이사로 주식 40%를 보유하고, 어머니는 이사로 등재되어 30%를 보유했다. 나머지 주식은 초등학생 아들이 15%, 중학생 딸이 15% 보유했다.

미성년 자녀를 주주로 참여시키면 배당소득을 분산할 수 있어, 자녀들도 각자 2천만 원까지 15.4%의 분리과세 세율을 적용받을 수 있다. 또한, 미리 재산을 이전하는 효과가 있어 상속세 대비에도 유리하다. 어릴 때부터 투자와 경영을 경험하며 금융교육 효과도 누릴 수 있다.

다만, 미성년 자녀가 주주일 경우 법인 등기 시 추가 서류가 필요하다. 법무사에게 법인 설립을 맡기면 기본 서류 외에 몇 가지를 더 준비해야 하지만, 실보다 득이 훨씬 크므로 꼭 활용할 만한 방안이다.

실무에서 주의해야 할 사항

1) 명의만 빌려주는 것은 위험

간혹 "아내 명의로 법인을 세우고 실제 경영은 남편이 하겠다"는 분들이 있다. 이는 매우 위험한 발상이다. 세무조사 시 실제 경영자가 누구인지 철저히 확인하기 때문이다.

첫째, 명의상의 대표이사가 급여를 받지 않으면, 회사가 그 금액만큼 돈을 빚진 상태로 처리하는 '가지급금' 문제가 발생할 수 있다. 이는 세무상 불이익과 법적 문제를 일으킨다.

둘째, 실제 경영자가 명의상의 대표이사가 아닌 경우에도 문제가 발생할 수 있다. 예를 들어, A 기업의 사례를 보자. 남편이 직장에 다니면서 아내 명의로 가족법인을 설립했지만, 회사의 모든 업무와 경영 판단은 남편이 사실상 수행했다. 처음에는 단순히 편리함과 효율성을 위해 선택한 방법이었지만, 문제가 발생한 것은 세무조사 과정에서다. 조사 결과, 법적으로 급여를 받은 사람은 아내였지만, 실제 경제적 실질을 따져보면 급여의 혜택을 실제로 누린 사람은 남편이었다. 이에 따라 세무 당국은 아내가 받은 급여를 남편의 소득으로 간주했고, 결국 예상치 못한 추가 세금 부담을 지게 되었다.

이 사례는 단순히 명의만 빌리는 방식이 얼마나 위험할 수 있는지를 잘 보여준다. 법적 대표와 실질적 경영자가 불일치할 경우, 세금뿐 아니라 법적 책임과 회계 처리에서도 복잡한 문제가 발생할 수 있다는 점을 명심해야 한다.

따라서 명의만 빌려주는 방식은 절대 피해야 하며, 법인의 실질 경영자가 명확히 드러나도록 투명하게 운영해야 한다.

2) 정관에 권한과 책임을 명확히 규정

대표이사의 권한, 임원의 보수 지급 기준, 배당 정책, 주주총회 및 이사회 운영 방법 등은 반드시 정관에 명확히 명시해야 한다. 정관은 회사의 헌법과 같은 매우 중요한 문서이므로, 처음부터 세무적 관점까지 꼼꼼히 반영해 작성하는 것이 매우 중요하다.

3) 회의록 작성은 필수

주주총회나 이사회에서 중요한 결정을 할 때는 반드시 회의록을 작성해야 한다. 임원 보수 지급 결정, 배당 결정, 중요한 계약 체결, 사업 방향 변경 등은 모두 회의록으로 남겨야 세무조사에서 문제가 되지 않는다.

실제 사례를 보자. B 기업의 경우, 임원 보수를 지급하면서 회의록을 작성하지 않아 세무조사에서 이를 비용으로 인정받지 못했다. 이후 과거 결의를 복원하고 관련 서류를 준비해서 문제를 해결할 수 있었지만, 처음부터 회의록을 작성했다면 이런 번거로움이 없었을 것이다.

상황별 최적 구성 전략

1) 직장인이 부업으로 법인을 설립하는 경우

직장인이 부업으로 법인을 설립할 때는 겸직 문제를 해결해야 한다. 이런 경우 본인은 주주로 참여하되 직장 근무를 계속하고, 배우자가 대표이사가 되면서 역시 주식을 보유하는 것이 좋다. 겸직 문제가 해결되고, 소득 분산 효과도 볼 수 있으며, 부부 합산 시 더 낮은 세율을 적용받을 수 있다.

2) 고소득자가 상속을 대비하는 경우

고소득자가 상속을 대비할 때는 부모가 대표이사 역할을 맡되 주식은 보유하지 않고, 자녀들이 주주로서 지분을 나누어 가지는 방식이 바람직하다. 상속세를 절약할 수 있고, 배당소득을 분산시킬 수 있으며, 경영권과 소유권을 분리할 수 있다.

3) 부부가 공동으로 사업하는 경우

부부가 공동으로 사업할 때는 남편이 대표이사가 되면서 지분 50%를 보유하고, 아내가 이사가 되면서 지분 50%를 보유하는 것이 좋다. 공동 경영이 가능하고, 소득 분산 효과도 볼 수 있으며, 상호 견제와 균형을 유지할 수 있다.

성공 사례로 보는 실전 활용

1) 최 씨 가족의 스마트한 구성

최 씨는 연간 소득이 2억 원이었다. 아내는 전업주부였고, 자녀는 대학생 둘이었다. 기존에는 높은 소득세 부담(약 35% 세율)과 상속세 부담이 예상되는 상황이었다.

해결 방안으로 가족법인을 설립해 최 씨가 대표이사가 되었고, 아내와 자녀들을 주주로 구성했다. 최 씨의 급여를 적정 수준으로 조정하고, 나머지는 배당으로 분산했다. 결과적으로 연간 약 3천만 원의 세금을 절약할 수 있었다. 상속세 부담도 대폭 감소했고, 자녀들의 금융 교육 효과도 볼 수 있었다.

2) 박 씨 가족의 부동산 법인 활용

박 씨는 직장인이면서 부동산 투자에 관심이 있었다. 아내는 프리랜서였고, 자녀는 고등학생 한 명이었다. 기존에는 부동산 임대소득에 높은 세율이 적용되었고, 겸직 제한으로 직접 운영하기 어려웠다.

해결 방안으로 가족법인을 설립해 아내가 대표이사가 되었고, 박 씨 40%, 아내 40%, 자녀 20%로 지분을 구성했다. 부동산을 법인으로 이전하고, 임대소득을 배당으로 분산했다. 결과적으로 연간 약 2천만 원의 세금을 절약할 수 있었다. 겸직 문제도 해결되었고, 안정적인 자산 관리가 가능해졌다.

가족법인의 대표이사와 주주, 무엇이 다른가?

Q: 대표이사가 주주가 아니어도 되나요?
A: 네, 가능합니다. 대표이사는 경영자이고 주주는 소유자이므로 반드시 같을 필요는 없습니다. 다만 실무적으로는 대표이사가 어느 정도 지분을 가지고 있는 것이 경영 안정성 면에서 유리합니다.

Q: 주주가 여러 명일 때 의견이 다르면 어떻게 하나요?
A: 주주총회에서 다수결로 결정합니다. 과반수 이상의 찬성이 있어야 의결됩니다. 그래서 가족법인에서는 신뢰할 수 있는 가족 구성원들로만 주주를 구성하는 것이 중요합니다.

Q: 대표이사를 바꿀 수 있나요?
A: 네, 가능합니다. 주주총회나 이사회 결의를 통해 대표이사를 해임하고 새로운 대표이사를 선임할 수 있습니다. 다만 정관에서 정한 절차를 반드시 따라야 합니다.

Q: 미성년 자녀가 주주일 때 배당을 실제로 받을 수 있나요?
A: 네, 받을 수 있습니다. 다만 미성년자이므로 법정대리인(부모)이 대신 관리하며, 세금 신고도 부모가 대신 해야 합니다.

Q: 가족법인에서 대표이사와 주주의 역할을 바꾸는 것이 가능한가요?
A: 네, 가능합니다. 다만 대표이사 변경과 주주 지분 이동은 별개의 절차이므로 각각 적법한 절차에 따라 진행해야 하며, 변경 시 세무적·법률적 영향도 꼼꼼히 검토해야 합니다.

Q: 가족법인 주식을 매매하거나 증여할 때 유의할 점은 무엇인가요?
A: 가족 간 주식거래라도 정당한 절차와 평가를 거쳐야 하며, 과세 문제를 피하기 위해 세무 전문가의 상담이 필수적입니다. 불투명한 거래는 세무조사의 대상이 될 수 있습니다.

Q: 대표이사 급여는 어떻게 결정하나요?
A: 일반적으로 정관이나 이사회에서 급여 지급 기준을 명확히 정하고, 합리적인 수준에서 지급하는 것이 중요합니다. 과도하거나 부적절한 급여는 세무상 불이익을 초래할 수 있습니다.

대표이사와 주주의 차이를 명확히 이해하는 것은 가족법인 성공의 첫걸음입니다. 단순히 형식적인 차이가 아니라 세금, 책임, 권한 등 모든 면에서 근본적으로 다른 개념이기 때문입니다. 가족법인을 설립할 때는 가족 구성원의 상황, 사업 성격, 세무 효과, 장기 계획을 종합적으로 고려해야 하며, 획일적인 정답은 존재하지 않습니다. 무엇보다 전문가와 충분히 상담하여, 우리 가족에게 적합한 구조와 운영 방안을 설계하는 것이 중요합니다. 가족법인은 단순한 절세 수단이 아니라, 가족의 미래를 위한 장기적인 자산 관리 도구이며, 세대 간 자산 승계와 안정적인 재무구조를 함께 달성할 수 있는 전략적 수단임을 잊지 마십시오. 올바른 이해와 철저한 준비, 그리고 가족 구성원의 신뢰와 협력이 더해질 때 성공적이고 지속 가능한 가족법인을 만들어 나갈 수 있습니다.

2단계_ 부를 좌우하다: 주식 구조를 설계하라

부의 시작점, 주식 구조의 중요성

지난 글에서 우리는 대표이사와 주주의 차이를 분명히 짚었다. 월급을 받는 대표이사는 '노동자'의 정점에 서 있지만, 배당을 받는 주주는 '자본가'로서 부를 쌓아가는 사람이다. 많은 대표가 이 차이를 어렴풋이 알면서도 정작 가장 중요한 질문 앞에서는 선뜻 답하지 못한다.

"당신의 가족법인 주식 구조는 지금 어떤 모습입니까?"

이 질문에 즉시 답할 수 없다면, 당신은 아직 부의 설계를 시작조차 하지 않은 것이다. 아무리 회사를 키우고 매출을 늘리고 이익을 남겨도 결과는 같다. 밑 빠진 독에 물을 붓는 격이다. 왜냐하면 당신이 평생을 바쳐 일군 모든 성과는 결국 '주식'이라는 그릇에 담기기 때문이다. 주식 구조가 곧 부의 '그릇'이라면, 잘못 설계된 그릇은 아무리 채워도 결국 새어나가고 만다.

흔히 저지르는 실수, '내 이름 100%' 주식 구조

많은 대표가 저지르는 치명적인 실수가 있다. 바로 가족법인을 설립할 때, 주식을 본인 명의로 100% 보유하는 것이다.

"내 회사니까 당연히 내 이름으로 해야지!"

이런 단순한 판단이 결국 큰 후회의 씨앗이 된다.

예를 들어보자. 초기에 자본금 1억 원도 되지 않던 회사가 10년, 20년 뒤 100억, 500억 원 규모의 탄탄한 가족법인으로 성장했다고 치자. 그때 자녀에게 조금이라도 지분을 물려주려 한다면, 엄청난 증여세라는 벽이 앞을 가로막게 된다.

예컨대 500억 원 가치의 주식 10%를 자녀에게 증여한다고 해보자. 이는 50억 원에 해당하는데, 증여세만 대략 20억 원 넘게 나온다. 현금이 충분하지 않다면 증여 자체가 불가능해지고, 그 결과 평생 일군 부가 '세금 폭탄'으로 날아가 버릴 수도 있다. 그때가 되면, 내가 회사를 키운 것이 아니라 국가에 낼 세금을 불려왔다는 허탈한 생각마저 들 수 있다.

- 주식 가치: 500억 원
- 증여 비율: 10% → 증여액 50억 원
- 증여세율: 상속 및 증여세율은 과세표준에 따라 10~50% 누진 적용
- 50억 원 증여 시 산출 세액: 약 20억 4천만 원

부의 설계는 '주식 구조'에서 시작된다

사업의 성패는 '매출'에서 결정되지만, 부의 성패는 '주식 구조'에서 갈린다. 그렇다면 어떻게 주식 구조를 설계해야 할까?

답은 간단하다. 가족법인을 설립할 때 '첫 단추'를 잘 끼우는 것이다. 부의 그릇을 처음부터 견고하고 전략적으로 만드는 것이 핵심이다.

예를 들어 설명해보겠다. 여기에 두 명의 대표가 있다. 두 사람 모두 똑같은 아이템으로, 똑같은 시기에 가족법인을 설립했다. 김 대표는 관행대로 본인 명의로 주식 100%를 설정했고, 박 대표는 가족에게 분산해서 설정했다. 이 두 대표의 회사가 어떻게 차이 나는지 다음 표를 살펴보자.

| '김 대표'와 '박 대표'의 주식 구조 사례 비교 |

구분	김 대표(나 홀로 100%)	박 대표(전략적 가족 분산)
설립 시 주주	본인 100%	본인 40%, 배우자 30%, 자녀 1 15%, 자녀 2 15%
설립 시 증여세	0원	거의 0원(주식 가치 낮음)
10년 후 회사 가치	100억 원	100억 원
10년 후 부의 소유	김 대표 개인에게 100억 원 묶임	가족 전체가 100억 원 분산 소유
자녀에게 부 이전 시	막대한 증여세 발생(세금 폭탄)	이미 이전 완료(세금 문제 없음)
결과	세금 폭탄에 발목 잡힘	가족 모두가 안정적으로 부를 나눔

관행대로 한 김 대표의 치명적 실수

표에서 보듯, 김 대표는 관행대로 주식 100%를 본인 명의로 설정해 가족법인을 세웠다. 아내와 자녀가 회사 일에 관여하지 않으니 굳이 지분을 줄 필요가 없다고 생각한 것이다. 그러나 세월이 흘러 아들에게 회사를 물려주려는 순간, 그는 100억 원어치 주식을 증여해야 하는 상황에 부딪혔다. 문제는 여기에 따라붙는 수십억 원의 증여세다. 세금을 낼 현금이 없으니 지분 이전 자체가 불가능했고, 결국 회사를 홀로 짊어진 채 부의 이전은 꿈조차 꾸지 못하는 처지에 놓이고 말았다.

처음부터 설계한 박 대표의 전략적 한 수

반면, 박 대표는 처음부터 주식 구조를 전략적으로 설계했다. 이른바 '부의 그릇'을 만드는 핵심 기술을 활용한 것이다. 설립 초기에는 회사 가치가 거의 없으므로, 자녀에게 각각 15%씩 주식을 증여해도 세금 부담은 사실상 '0'에 가깝다. 이렇게 박 대표는 부의 씨앗을 미리 심어두었다. 10년 뒤, 회사 가치가 100억 원으로 성장했을 때 자산 분포는 다음과 같았다.

- 박 대표: 40억 원
- 배우자: 30억 원
- 자녀 1: 15억 원
- 자녀 2: 15억 원

김 대표가 100억 원 전부를 자기 명의로 묶어둔 채 세금 폭탄을 기다리고 있었다면, 박 대표 가족은 이미 총 100억 원을 세금 없이 자연스럽게 분산 소유하게 된 것이다. 즉, 회사가 성장하는 동안 부의 이전이 자동으로 이루어진 셈이다.

전략적 설계가 만드는 10년 뒤의 차이

앞의 사례처럼 두 대표 모두 회사를 성공적으로 키웠지만, 10년 후 두 가족의 운명은 극명히 갈렸다. 김 대표는 세금 폭탄의 불안을 안고, 은퇴 후에도 회사를 놓지 못하는 상황에 처한 반면 박 대표는 가족 모두가 안정적으로 부를 나누고, 세금 걱정 없이 은퇴를 준비할 수 있게 되었다.

이것이 바로 '설계'의 힘이다. 부는 단순히 열심히 일한다고 해서 쌓이지 않는다. 처음부터 철저히 계획하고, 법과 세금이 허용하는 가장 유리한 구조를 마련해야만 지키고 불릴 수 있다. 당신이 지금 운영하는 가족법인은 단순한 회사가 아니라 가족 모두의 미래가 담긴 '부의 그릇'이다. 그 주주명부에 지금 누구의 이름이 적혀 있는가? 만약 거기에 당신 이름만 덩그러니 적혀 있다면, 지금이 바로 '부의 설계'를 다시 시작할 마지막 기회일 수 있다. 늦기 전에 움직여야 한다.

3단계_ 부의 미래를 열다:
자녀를 어릴 때부터 주주로 키워라

왜 지금이 골든타임인가

자녀가 아직 어린가? 그렇다면 바로 지금이 '부의 씨앗'을 심을 유일한 기회다.

앞서 우리는 부의 설계가 주식 구조에서 시작된다는 사실을 확인했다. 평생 일군 회사의 가치가 세금 폭탄으로 돌아올 수 있고, 이를 막는 해법이 전략적인 가족 주식 구조에 있다는 것도 알았다.

대표님들 중에는 이렇게 무릎을 치는 분들이 많다.

"아하! 그럼 우리 아이 이름으로 주식을 좀 나눠줘야겠군요!"

탁월한 생각이다. 당신은 이미 상위 1%의 길에 들어섰다. 그러나 바로 이어지는 질문이 머릿속을 스친다.

"그런데…… 우리 아이가 아직 미성년인데 괜찮을까요? 법적으로 문제가 되지는 않나요?"

바로 이 망설임, 이 주저함이 평범한 부자와 위대한 자산가를 가르는 '결정적 차이'를 만든다. 대부분은 '아이가 어리니, 성인이 되면 그때 가서 생각하자'라고 넘겨짚는다. 그리고 10년, 20년 뒤 땅을 치고 후회한다. 망설이는 바로 그 '시간'이 부를 증폭시키는 가장 강력한 무기이자, 동시에 모든 것을 앗아가는 가장 무서운 적이기 때문이다. 자녀가 어리고, 회사 가치가 낮을 때야말로 세금 없이 부를 이전할 수 있는 '인생 일대의 골든타임'이다.

미성년 자녀를 주주로 만드는 것은 완전히 합법이며, 부의 이전을 위한 가장 강력하고 효과적인 전략이다. 당신이 걱정하는 '법적인 문제'는 전혀 없다. 오히려 법이 허용한 가장 현명한 길을 외면하는 것이 진짜 문제다.

실전 전략: 미성년 자녀를 '어린 주주'로 만드는 법

그럼 당장 무엇을 해야 할까? 당신의 자녀를 '어린 주주'이자 미래의 '자본가'로 만드는 실전 기술을 단계별로 안내한다. 절차는 놀랍도록 간단하다. 필요한 것은 당신의 '결단'과 몇 장의 서류뿐이다.

1) 1단계_ '자금 출처'라는 완벽한 방패를 만든다

사업자가 국세청에서 듣는 가장 무서운 질문은 "이 돈은 어디서 났습니까?"다. 자녀가 주주가 되려면 당연히 주식을 살 돈(주금)이 있어야 한다. 이 돈의 출처를 명확히 하지 않으면, '증여'로 간주되어 세금 폭탄을 맞게 된다. 처음부터 완벽한 방패를 만들어야 한다. 그 방법은 바로 '증여재산 공제'를 활용하는 것이다.

- 성인 자녀: 10년간 5천만 원까지 증여세 없음
- 미성년 자녀: 10년간 2천만 원까지 증여세 없음

절차는 다음과 같다.
① 가족법인 주식평가(세무사가 평가)
② 증여세 면제금액까지 몇 주를 줄 수 있는지 역산(예: 2천만 원/5천 원 = 4천 주)
③ 4천 주 이내에서 몇 주를 주식 증여할지 결정
④ 증여세 신고(세금 0원이지만, 신고 자체가 '합법 증여'의 증거가 되므로, 신고하는 것을 권장)

이 과정만 거치면 '자금 출처'라는 튼튼한 방패를 만들 수 있다. 이것만으로 그 어떤 세무조사에도 당당하게 "우리 아이는 정당하게 주식을 취득했다"고 말할 수 있다.

2) 2단계_ 부모가 '법정대리인'이 되어 주식 취득 절차를 진행한다

미성년자는 법률행위를 직접 할 수 없으므로 부모가 '법정대리인'으로서 모든 절차를 대신 진행하게 된다. 하지만 어렵게 생각할 필요는 없다. 은행에 가서 아이 명의로 적금을 들어주는 것과 크게 다르지 않다. 가족법인을 설립할 때나 기존 법인의 주식을 증여할 때는 다음 서류만 준비하면 된다.

- 자녀 기준 가족관계증명서, 기본증명서: 부모-자식 관계를 증명하기 위해 필요하다.
- 법정대리인의 인감증명서 및 인감도장: 부모가 자녀를 대신해 계약서에 도장을 찍기 위해 필요하다.

이 서류를 법무사에 전달하면, 주주명부에 자녀의 이름이 올라간다. 절차는 이걸로 끝이다. 당신이 막연하게 두려워했던 '미성년 자녀 주주 만들기'의 실체는 이렇게 간단하다.

미리 심은 '부의 씨앗'은 어떻게 거목이 되는가?

현명한 박 대표와 평범한 김 대표의 사례를 표로 비교해보자. 두 사람 모두 10년 전, 자본금 1억 원으로 가족법인을 설립했고, 열 살 된 자녀가 한 명씩 있다.

| 10년이 만든 부의 격차 |

구분	현명한 박 대표의 선택	평범한 김 대표의 선택
자녀의 지분 취득	자녀에게 2천만 원 증여 후 그 돈으로 자녀가 지분 20% 취득(2천만 원 가치)	회사 가치 100억 시점에 20% 증여(20억 원 가치)
증여세 (자녀가 낸 세금)	증여세 0원	약 4억 원 이상(20억 원에 대한 증여세)
결과	회사가 성장하는 10년 동안 세금 없이 20억 자산 형성	세금 부담으로 부의 이전 제한
핵심	시간을 내 편으로 만들어 부를 증폭시켰다.	시간을 적으로 돌려 세금 폭탄을 키웠다.

타이밍이 전부다

앞의 비교표에서 보듯, 박 대표와 김 대표는 똑같이 10년을 보내며 회사를 성장시켰지만, 결과는 극명하게 갈렸다. 박 대표의 자녀는 10세에 아버지가 심어준 '2천만 원짜리 씨앗'이 20세가 되자 '20억 원짜리 거목'으로 자라났다. 반면 김 대표의 자녀는 눈앞에 20억 원의 부가 있어도 세금 때문에 온전히 가져갈 수 없다. 이것이 바로 '타이밍'의 마법이다. 부의 이전에서 중요한 것은 '어떻게'보다 '언제' 시작하느냐다. 그 최적의 시점은 자녀가 어리고, 회사가 작을 때, 즉 '바로 지금'이다.

"아이가 뭘 안다고 주식을 줍니까?"라는 질문은 의미 없다. 아이가 '알아야' 하는 것이 아니다. 부모가 먼저 알고 행동해야 한다. 자녀에게 물려줄 최고의 유산은 비싼 아파트나 명품 가방이 아니다. 어릴 때부터 '자본주의 시스템'의 주인이 되는 경험, 그리고 시간이 내 편이 되어 부를 불려주는 '자본가의 시스템' 그 자체다.

4단계_ 부의 중심을 세우다:
이사·감사로 내부 권력 지도를 완성하라

임원을 '일하는 사람'으로만 보아서는 안 된다

회사를 세운 뒤, 가장 먼저 고민해야 할 것은 '내가 모든 권한과 혜택을 독점할 것인가, 아니면 가족과 나눠 세금을 줄이고 부를 지키는 구조를 만들 것인가'다. 정답은 명확하다. 등기이사에는 배우자를, 감사 자리에는 자녀(자녀가 없다면 부모님도 좋다)를 앉히는 것이다.

"아니, 세무사님! 우리 아내는 회사 일도 모르고, 아들은 아직 학생인데요?"

이렇게 묻는다면, 당신은 지금 임원을 '일하는 사람'으로만 보고 있다는 증거다. 시야를 바꾸어야 한다. 전략가에게 임원은 '부의 파이프라인'을 구축하는 핵심 '포지션'이다. 이 단순해 보이는 인사

전략이, 장기적으로는 수억 원의 세금 절감과 안정적인 부의 이전을 가능하게 한다.

배우자를 '등기이사'로 앉혀야 하는 이유

배우자를 임원으로 앉히는 것은 '사랑의 표시'가 아니라, '절세 전략'이다. 배우자가 등기이사가 되면 다음 두 가지 효과가 생긴다.

1) 합법적인 소득 분산

대표 혼자 5억 원의 연봉을 받으면 엄청난 종합소득세율을 적용받는다. 하지만 대표 3억, 배우자 2억으로 나누면 어떻게 될까? 각자에게 적용되는 세율 구간이 낮아져, 가족 전체가 내는 세금이 크게 줄어든다.

2) 퇴직금 혜택 두 배

두 번째가 더 핵심이다. 바로 '퇴직금'이라는 인생 최고의 절세 혜택을 두 배로 누릴 수 있다. 대표이사 한 명이 받을 수 있는 퇴직금은 세법상 한도가 정해져 있다. 하지만 배우자가 10~20년 근속한 등기이사라면 별도로 수억 원의 퇴직금을 비과세로 수령할 수 있다. 이것은 사실상 두 번째 '부의 금고'를 만드는 셈이다.

자녀를 '감사'로 임명하는 전략

이제 '감사'에 대한 이야기해보자. 이 부분에서 법을 조금 아는 사람들은 이렇게 말한다.

"자본금 10억 원 이하 법인은 감사가 없어도 된다고 법에 나와 있는데요?"

맞다. 법적으로는 그렇다. 그리고 바로 그 점이, 수많은 대표들이 스스로 부자가 될 기회를 걷어차 버리는 '치명적인 함정'이 된다. 법은 '없어도 된다'는 선택지를 주었다. 하지만 전략가는 이 선택지를 '기회'로 해석한다. 법적으로 강제되지 않는 형식적인 자리이기에 오히려 더 자유롭고 강력한 카드가 될 수 있다.

바로 여기서, 현명한 대표라면 두 번째 질문을 던진다.

"그렇다면 미성년자인 자녀를 감사로 앉힐 수 있습니까? 법적으로 문제는 없나요?"

정말 중요한 질문이다. 결론부터 말하자면, 갓난아기나 유치원생을 감사로 앉히는 것은 절대 금물이다. 그것은 전략이 아니라 욕심이며, 훗날 반드시 문제가 된다.

1) 나이 제한과 의사능력

상법상 임원의 나이를 제한하는 규정은 없다. 그러나 중요한 것은 '의사능력'이다. 감사는 회사의 업무와 재산을 감독하는 막중한 책임이 있는 자리다. 최소한 회의록과 재무제표를 이해하고 자신의 이름으로 서명할 수 있어야 한다.

나는 '전략적 타이밍'의 마지노선을 대학생 시점으로 본다. 물론 만 16세 이상이면 가능하지만 정서상 고등학생이 감사를 한다는 것에 거부감이 있을 수 있다. 그래서 성인 기준 만 19세 이상이라면 감사로 해두는 것이 자연스럽다. 이 나이부터는 자신의 이름으로 서명하고, 회의록의 의미를 이해해 국세청의 공격을 막을 수 있다.

2) 기대 효과

자녀를 이 시점에 감사로 임명하면 다음과 같은 효과가 있다.

① 법적 정당성을 갖춘 소득 이전

감사로서의 역할(정기적인 보고 청취, 회의 참석 등)을 부여하고 합당한 보수를 지급한다. 이 돈은 자녀의 대학 등록금이나 사회초년생 시절의 시드머니가 될 수 있다. 증여세 없이, '경제 동의 대가'라는 명분이 생긴다.

② 살아 있는 경제 교육

감사로서 회사 회의에 참석하며 대표이사인 아버지나 어머니가 어떤 고민을 하는지, 회사가 어떻게 돌아가는지 직접 보고 듣게 된다. 용돈을 주는 것과는 차원이 다른 '책임감'과 '주인의식'을 배우게 된다.

'가족 임원' 전략의 3가지 원칙

여기까지 읽고, 아무 일도 하지 않는 가족 통장에 매달 수백만 원을 넣어주는 건 절대 금물이다. 그건 절세가 아니라 국세청의 다음 표적이 되는 지름길이다. 가족에게 지급하는 과도한 급여는 국세청이 가장 먼저, 그리고 가장 날카롭게 들여다보는 부분이다. 국세청은 바보가 아니다. 그들은 딱 한 가지만 본다.

"그래서, 그 돈을 받을 만큼 실제로 일을 했는가?"

이 질문에 대한 명확한 증거가 없다면, 당신이 지급한 모든 급여는 '가공 경비'로 처리되어 세금 폭탄으로 돌아올 것이다. 핵심은 바로 '역할'과 '증거'를 만드는 것이다. 아마추어는 그저 이름만 올리고 돈을 주지만, 프로는 명확한 직무를 부여하고 그에 대한 증거를 남긴다.

1) 직무 부여
재무 관리, 직원 복지, 대외 협력, 마케팅 등 배우자나 자녀가 기여할 수 있는 구체적인 역할을 정관에 명시하고 업무 분장표를 만든다.

2) 증거 남기기
관련 업무 회의에 참석시키고 회의록에 서명을 남긴다. 법인카드를 지급하고 관련 업무에 사용하게 하는 등 활동 기록을 보관하고 비상근 이사라 할지라도 그 역할에 대한 최소한의 활동 근거를 남겨야 한다.

3) 합리적 급여

동종 업계, 비슷한 직책의 급여 수준을 고려하여 사회 통념상 누구나 수긍할 수 있는 합리적인 금액을 지급한다.

절세의 본질

절세는 '서류를 꾸미는 것'과는 차원이 다른 이야기다. 절세는 법의 허점을 이용하는 꼼수가 아니라, 법이 허용한 길을 가장 똑똑하게 걸어가는 지혜다. 이 철의 원칙을 지키는 자만이 달콤한 과실을 안전하게 맛볼 자격이 있다.

부의 설계는 정교해야 한다. 법의 테두리 안에서, 허용된 기회를 가장 극적으로 활용하는 것이 진짜 기술이다. '없어도 되는 감사' 자리를 '자녀를 위한 부의 파이프라인'으로 만드는 지혜, 그 파이프라인이 터지지 않도록 '전략적 타이밍'을 조율하는 것. 이것이 진정한 부의 설계자의 기술이다.

5단계_ 부의 자유를 쟁취하다: 급여를 넘어 세금의 노예에서 벗어나라

월급만 파는 대표는 절반을 잃는다

가족법인의 이익을 오직 '월급(급여)'으로만 가져오는 건 가장 비효율적인 방법이다. 왜냐하면 당신은 회사에서 월급을 받는 '대표이사'이면서 동시에 그 회사의 주인인 '주주'이기 때문이다.

두 개의 지갑, 두 개의 세금

가족법인에는 돈을 꺼내는 두 개의 지갑이 있다.

- 급여: 이것은 '대표이사'로서 일한 대가, 즉 노동의 대가다.
- 배당: 주주로서 투자한 대가, 즉 자본의 대가다.

대부분의 대표들은 첫 번째 지갑만 파고든다. 두 번째 지갑이 있는 줄도 모르거나, 알더라도 열어볼 생각을 하지 않는다. 하지만 진짜 부자들은 이 두 개의 지갑을 아주 교묘하고 전략적으로 활용한다. 그 차이는 바로 '세금'에서 시작된다.

- 급여의 세금 구조: 종합소득세(최대 49.5%) + 4대 보험료(약 18%)
    → 벌수록 세율이 치솟는 '누진세' 구조. 게다가 회사와 본인이 나눠 내는 4대 보험료까지 합치면, 대표가 가져가는 돈의 절반 가까이가 순식간에 사라진다.
- 배당의 세금 구조: 배당소득세(2천만 원까지 15.4%)
    → 2천만 원까지 추가 4대 보험료 없음

이 차이를 모른다면 당신은 축구 경기에서 오른발만 사용하겠다고 고집부리는 선수와 같다. 한쪽 수단만 쓰면 경기에서 질 수밖에 없다.

세 가지 길: 하수, 중수, 고수

가족법인에서 2억 원의 이익이 났다고 가정해보자. 여기 선택할 수 있는 세 가지 길이 있다. 당신은 어떤 길을 택할까?

1) 하수, 김 대표: 모든 걸 급여로

'법인 돈=내 돈'이라고 생각한 김 대표는 법인 이익 2억 원을 한 푼도 남김없이 자신의 월급으로 가져갔다. 가장 단순하고, 동시에 가장 위험한 선택이었다.

- 선택: 급여 2억 원
- 결과: 종합소득세와 4대 보험료 합산 약 9천만 원(체감 부담률 약 45%), 실수령액 약 1억 1천만 원
- 평가: 무계획 직진의 끝은 세금 폭탄. 법인에 남는 돈은 0원, 절세와 미래 대비 모두 실패했다.

2) 중수, 최 대표: 배당을 '양념'처럼

"배당이 세금에 유리하다더라", "금융소득 2천만 원까지는 분리과세라더라"라는 말을 들은 최 대표는 이렇게 결정했다.

- 선택: 급여 1억 8천만 원 + 배당 2천만 원
- 결과: 종합소득세와 4대 보험료 약 8천만 원 부과, 실수령액

약 1억 2천만 원
- 평가: 김 대표보다는 세금을 줄였지만, 여전히 1억 8천만 원이라는 고액 급여가 발목을 잡았다. 배당으로 절감한 세금보다 고액 급여로 낸 세금 8천만 원이 훨씬 더 컸다. 결국 배당을 '전략'이 아닌 '양념' 수준으로만 활용한 셈이다

3) 고수, 박 대표: 설계의 기술

박 대표는 게임의 룰을 꿰뚫고 있다. 그는 당장 손에 들어오는 현금만 보지 않는다. '세금'과 '미래'라는 두 개의 판을 동시에 읽는다.

- 선택: 급여 1억 원(낮은 세율 구간 유지) + 배당 2천만 원(분리과세 혜택 활용) + 유보 8천만 원(법인에 남김)
- 결과: 종합소득세와 4대 보험료 약 4천만 원, 실수령액 약 8천만 원, 법인에 8천만 원의 자산 축적
- 평가: 당장의 소비보다 '총자산'을 우선시하여 세금을 최소화하고 미래 투자금 또는 퇴직금을 확보했다.

"아니, 8천만 만 원을 회사에 두라고요? 그럼 내 돈이 아니지 않습니까?"

이 질문을 하는 순간, 당신은 이미 하수 또는 중수다. 고수는 웃으며 대답한다. "아니요, 저 8천만 원은 당장 쓰는 것보다 훨씬 더 가치 있는, 미래의 나를 위한 최고의 비과세 무기입니다."

| '하수, 중수, 고수' 급여와 배당에 따른 세금 및 실수령액 비교 |

구분	하수(김 대표)	중수(최 대표)	고수(박 대표)
인출 방식	급여 2억 원	급여 1억 8천만 원 + 배당 2천만 원	급여 1억 원 + 배당 2천만 원
당장 가져온 돈	2억 원	2억 원	1억 2천만 원
세금/보험료	약 9천만 원	약 8천만 원	약 4천만 원
올해 실수령액	약 1억 1천만 원	약 1억 2천만 원	약 8천만 원
법인에 남은 돈	0원	0원	8천만 원
나의 총자산 (실수령액+남은 돈)	1억 1천만 원	1억 2천만 원	1억 6천만 원
결론	가장 어리석은 부자. 국가에 가장 많은 세금을 헌납하고, 정작 자신은 가장 가난해졌다.	어설픈 지식의 함정. 푼돈을 아끼려다, 정작 8천만 원이라는 거대한 자산을 눈앞에서 놓쳤다.	미래를 지배하는 설계자. 당장의 현금보다 '총자산'에 집중하여, 세금은 최소화하고 미래의 부(퇴직금, 투자금)까지 완벽하게 설계했다.

법인에 남겨둔 돈은 훗날 '퇴직금'이라는 이름으로, 그 어떤 소득보다 낮은 세금으로 합법 인출이 가능하다. 또는 세금 부담 없이 차곡차곡 모아, 부동산이나 주식에 투자할 수도 있다. 이것이 부의 자유를 설계하는 진짜 기술이다.

세금이 아닌 '총자산'에 집중하라

표에서 보듯, 김 대표는 9천만 원을 국가에 헌납했다. 최 대표는 8천만 원을 헌납했다. 하지만 박 대표는 단 4천만 원만 세금으로 내고, 나머지 8천만 원이라는 거대한 자산을 미래를 위해 저축해 두었다. 올해 기준 총자산 가치만 따져도, 박 대표는 김 대표보다 무려 5천만 원이나 더 부유하다.

    이제 계산기를 꺼내고, 당신의 급여명세서를 살펴보자. 지난 1년 동안 당신은 국세청에 얼마나 상납했는가? 그 돈으로 당신은 자녀에게 무엇을 해줄 수 있었을까? 배우자에게 무엇을 해줄 수 있었을까? 이 뼈아픈 현실을 직시하는 것이야말로, 부의 설계를 시작하는 위대한 첫걸음이 될 것이다.

    가족법인에서 부를 키우는 진짜 고수는 당장의 현금에 집착하지 않는다. 급여와 배당, 그리고 법인에 남기는 자산까지 모두 전략적으로 설계해 세금 부담은 최소화하고, 미래의 부를 튼튼히 쌓아간다. 지금 이 순간 당신이 하는 선택이 앞으로 수년, 수십 년 뒤 가족과 당신의 경제적 자유를 결정할 것이다. 부디 현명한 설계로 부의 자유를 쟁취하시기를!

6단계_ 부의 자산을 키우다: 부동산과 해외주식에 투자하라

부자가 되기 위한, 그러나 놓치기 쉬운 필터들

"대표님, 당신의 꿈은 무엇입니까?"

아마 많은 분들이 밤낮없이 일하는 이유를 이렇게 말할 것이다. "열심히 돈 벌어서 세금 다 내고, 남은 돈으로 대출 좀 받아서 강남에 내 이름으로 된 아파트나 꼬마빌딩 하나 갖는 것." 혹은 "요즘 핫하다는 테슬라나 엔비디아 주식을 사 모으는 것."

정말 멋진 꿈이다. 하지만 지금부터 소개할 이야기는, 그 꿈이 바로 당신을 평생 세금의 굴레에서 벗어나지 못하게 만드는 '가장 비효율적이고 어리석은 경로'라는 충격적인 진실이다. 당신은 지금껏 부자가 되기 위해 애쓴다고 생각했지만, 실제로는 '두 번의 필터'를 거치는, 가장 손해가 막심한 게임을 하고 있었던 것이다.

두 번의 필터인 법인세와 소득세

많은 사람들이 부를 쌓기 위해 열심히 일하지만, 정작 세금이라는 두 개의 커다란 장벽 앞에서 큰 손실을 겪고 있다. 이 두 가지 세금 필터는 부를 축적하는 길목에서 반드시 통과해야 하는 장애물이자, 동시에 전략적으로 대응해야 할 중요한 변수다.

- 첫 번째 필터(법인세): 당신의 가족법인이 피땀 흘려 번 돈에서, 국가는 법인세라는 이름으로 첫 번째 필터를 꽂아 돈을 빼 간다.
- 두 번째 필터(소득세): 당신은 법인세를 내고 남은 돈을 '월급'으로 가져오면서, 종합소득세와 4대 보험료라는 훨씬 더 촘촘하고 무서운 두 번째 필터에 모든 것을 탈탈 털린다.

세 번째 필터인 증여세까지 거쳐야 하는 현실

그리고 당신은 이 두 개의 필터를 모두 거치고 남은 '찌꺼기' 같은 돈을 가지고, 그제야 부동산이나 주식에 투자하기 시작한다. 이것이 바로 평범한 사람들이 절대 부자가 될 수 없는 이유다. 시작부터 잘못된 길을 가고 있기 때문이다.

자녀에게 주려면 하나의 필터를 더 거쳐야 한다.

- 세 번째 필터(증여세): 소득세 내고 남은 돈을 자녀에게 주려면 또 세금을 왕창 내야 한다. 최고세율은 무려 50%다. 소득세 최고세율 49.5%를 내고 남은 돈의 50%를 낸다면 25%만 남는 셈이다.

관점을 바꿔라: '나'라는 개인을 지워버려라

그렇다면 진짜 부자들, 진짜 고수들은 어떻게 할까?

그들은 투자를 할 때, '나'라는 개인을 철저히 지워버린다. 그들에게 최고의 투자자는 '나 자신'이 아니라, '나의 가족법인' 그 자체다. 필터를 하나만 거치게 하는 것이다.

이것이 무슨 뜻인지 아직 감이 오지 않는다면 여기 10억 원짜리 상가를 사고 싶은 두 명의 대표가 있다. 성실한 김 대표와 영리한 박 대표의 사례를 통해 비교해보겠다.

1) 사례 1_ 개인 명의로 투자하는 '성실한' 김 대표

김 대표는 10억 원짜리 상가를 '자신의 이름'으로 사고 싶었다. 그러려면 그의 통장에 세후 10억 원이 있어야 한다.

- 자금 마련: 세후 10억을 만들려면, 그는 법인에서 최소 20억 원에 가까운 돈을 '월급'으로 가져와야 한다. 소득세와 4대 보험료로 거의 절반을 내야 하기 때문이다.
- 결과: 10억짜리 상가 하나를 사기 위해, 법인은 20억 원의 이익을 소진했다. 회사는 순식간에 빈털터리가 되었다.
- 보유 시: 비싼 재산세를 '개인'이 모두 감당해야 하며 임대료에 대해 비싼 소득세(최대 49.5%)와 4대 보험료도 추가로 납부해야 한다. 직장 생활을 해서 근로소득이 있어도 임대소득이 일정 금액 이상 발생하면 4대 보험료 납부 의무가 발생한다.
- 매각 시: 양도차익이 발생하면, 개인에게 부과되는 무거운 양도소득세(최대 49.5% + α)를 또 내야 한다.
- 요약: 김 대표는 평생 일군 돈으로 상가를 산 것이 아니라, 상가를 사기 위해 평생 일군 돈을 세금으로 다 갖다 바친 셈이다.

2) 사례 2_ 가족법인 명의로 투자하는 '영리한' 박 대표

박 대표는 '자신의 이름' 따위에는 관심이 없다. 그는 오직 '가족의 총자산'에만 집중한다.

- 자금 마련: 법인이 번 돈 10억 원에서, 법인세(약 1~2억 원)만

내고, 월급으로 가져오지 않으니 소득세와 4대 보험료는 '0원'이다.

- 투자 실행: 법인은 세금을 내고 남은 8~9억 원에 약간의 대출을 더해 10억 원짜리 상가를 '법인 명의'로 매입한다.
- 보유 시: 대출 이자와 재산세, 심지어 건물의 감가상각비까지 모두 법인의 '비용'으로 처리되어 법인세를 또 줄여준다. 임대소득은 법인에 쌓이므로 비싼 소득세 내지 않아도 되고 4대 보험료도 나오지 않는다.
- 매각 시: 양도차익이 발생해도, 개인 양도세가 아닌 상대적으로 낮은 '법인세'를 낸다.
- 요약: 박 대표는 투자를 통해 회사를 더 부자로 만들고, 세금을 한 번만 내며 모든 과정이 절세로 이어지게 설계했다.

이 잔인한 차이를 표로 정리해보자.

개인 명의 투자 vs. 가족법인 명의 투자		
구분	개인 명의 투자(하수의 길)	가족법인 명의 투자(고수의 길)
투자 주체	대표이사 '개인'	'가족법인'
10억 투자금 마련	법인에서 약 20억 원을 월급으로 인출(20억을 인출해야 세금 제하고 10억 원 마련이 가능하므로 총 20억 인출)	법인 이익 약 12억에서 법인세만 납부하고 10억 투자(법인세 제외, 세후 약 10억 내외의 법인 자금 투자)
세금 구조	법인세 + 소득세/ 4대 보험료(이중과세)	법인세(단일과세)
보유 시 장점	없음. 모든 세금을 개인이 부담	이자, 재산세, 감가상각비 등 비용처리로 법인세 절감
매각 시 세금	높은 개인 양도소득세	낮은 법인세
결론	투자를 위해 회사를 망하게 함. 세금을 두 번 내고, 남는 게 없음	투자를 통해 회사를 더 부자로 만듦. 세금은 한 번만 내고, 모든 과정이 모두 절세가 됨

가족법인을 '최강의 투자 플랫폼'으로

이 과정은 부동산뿐만이 아니라 해외주식 투자에도 적용된다. 당신이 월급을 쪼개서 테슬라 주식을 10주 살 때, 박 대표의 가족법인은 법인 돈으로 100주, 1,000주를 산다. 그리고 그 수익은 고스란히 법인에 쌓여, 또 다른 투자나 주주 배당의 재원이 된다.

이제 당신의 꿈을 다시 설계해야 한다. 당신이 진짜 가져야 할 꿈은 월급을 모아 아파트를 사는 것이 아니다. 당신의 가족법인을, 부동산과 해외주식을 가장 효율적으로 사들이는 '가족의 투자 플랫폼'으로 만드는 것이다. 당신의 법인은 단순히 돈을 버는 공장이 아니다. 당신 가족의 부를 영원히 지키고 불려 나갈 '최강의 투자 도구'다.

가족법인 세무 리스크를 막는 철의 5원칙

◊ **리스크 통제법, 총정리가 필요하다**

지금까지 우리는 주식 구조 설계, 임원 구성, 급여와 배당 포트폴리오 수립, 법인을 통한 투자 등 부를 지키고 불리는 강력한 무기들을 하나씩 손에 넣었다. 이제 당신은 단순히 회사를 운영하는 대표가 아니라, 부의 지도를 손에 쥔 전략가다. 그러나 반드시 기억해야 할 점이 있다. 가장 강력한 무기는 잘못 휘두르면 자신을 베는 칼이 되기도 한다는 점이다.

국세청은 바보가 아니다. 그들은 당신이 만든 '서류'가 아니라, 그 서류 뒤에 숨겨진 '진짜 모습(실질)'을 본다. 이를 우리는 '실질과세의 원칙'이라고 부른다. 이 원칙을 이해하지 못하면, 지금까지 설계한 모든 것이 한순간에 모래성처럼 무너질 것이다.

그렇다면 어떻게 이 무시무시한 리스크를 피하고, 우리가 설계한 부의 고속도로를 안전하게 달릴 수 있을까? 내가 지난 수년간 수백 개 가족법인을 컨설팅하며 단 한 번도 실패하지 않은 '세무 리스크 방어를 위한 철의 5원칙'을 공개한다.

◊ **세무 리스크 방어를 위한 철의 5원칙**

① 제1원칙_모든 근거는 '정관'에서 출발한다

정관은 법인의 '헌법'이다. 국세청이 세무조사에 착수할 때 가장 먼저 확인하는 서류 역시 정관이다. 임원에게 얼마의 급여를 지급할지, 상여금은 어떤 기준으로 산정할지, 그리고 가장 중요한 퇴직금을 어떤 방식으로 계산할지가 명확히 규정돼 있지 않다면, 지급된 모든 금액은 '근거 없는 비용'으로 간주되어 세금 폭탄으로 이어질 수 있다. 아마추어는 인터넷에서 쉽게 구할 수 있는 표준 정관을 그대로 사용하지만, 프로는 자신의 사업 전략과 부의 설계에 맞추어 정관부터 철저히 설계한다.

② 제2원칙_ '역할' 없는 자에게 '보수'를 주지 마라
배우자를 이사로, 자녀를 감사로 앉히는 것은 좋은 전략이다. 하지만 이름만 올려놓고 아무 역할도 하지 않으면, 그 급여는 시한폭탄이 된다. 국세청의 질문은 단 하나다. "그래서 이 사람이 무슨 일을 했습니까?" 이 질문에 답하려면 평소에 '증거'를 남겨두어야 한다.

- 회의록: 정기회의 참석과 서명을 반드시 남기기
- 업무 분장: 어떤 역할을 맡고 있는지 명확히 문서화하기
- 활동 근거: 법인카드 사용 내역, 업무 관련 이메일 등 사소한 증거 쌓기

③ 제3원칙_ '합리성'과 '형평성'의 선을 넘지 마라
예를 들어, 배우자가 이사로 받는 급여가 동종업계 10년 차 부장보다 높다면 상식적일까? 국세청은 이처럼 '상식'의 잣대를 엄격히 적용한다. 급여나 상여금은 반드시 동종업계 수준에 맞춰 합리적으로 책정해야 한다. 욕심은 곧 화로 돌아온다.

④ 제4원칙_ 모든 거래에 '꼬리표'를 붙여라

대표이사가 법인 자금을 개인적으로 무단 사용하는 가지급금은 최악의 실수다. 국세청은 이를 '업무 무관 대여금'으로 보고 인정이자를 계산해 세금을 부과하며, 법인 신용도 하락의 주범이 된다. 따라서 법인과 개인 간의 모든 금전 거래에는 반드시 명확한 계약서(금전소비대차 계약 등)와 합리적 이자 지급이라는 꼬리표가 따라야 한다. '법인 돈 = 내 돈'이라는 생각은 지금 당장 쓰레기통에 버리자.

⑤ 제5원칙_ '과유불급'의 지혜를 기억하라

절세는 합법적 권리지만, 탈세는 명백한 범죄다. 그 경계는 생각보다 훨씬 얇다. 눈앞에 100을 벌 수 있는 길이 있어도 법의 테두리를 조금이라도 벗어난다면 과감히 포기하라. 100을 벌려다 200을 잃는 것이 세무 리스크의 현실이다. 진정한 고수는 100이 아닌 80을 가장 안전하고 확실하게 버는 길을 택한다.

3장

10명 중 8명은 시작부터 망한다
가족법인은 설계가 90%다

주주구성과 자본금:
누가 황금 열쇠를 쥘 것인가

부자가 되느냐, 망하느냐

자, 이제 당신은 당신만의 제국, 즉 '가족법인'을 세우기로 결심했다. 축하한다. 하지만 가장 중요한 질문에 답할 시간이다. 이 제국의 황금 열쇠, 누구에게 맡길까?

많은 사람들이 가족법인을 세울 때, 이 질문의 무게를 전혀 알지 못한다. 그저 "내 회사니까 내 이름으로 100% 해야지", "아내와 함께 고생했으니 50대 50이 공평하지"와 같은 안일한 생각으로 첫 단추를 끼워버린다.

주주구성 전략 3가지: 당신의 목표가 곧 지분 지도를 결정한다

가장 먼저 버려야 할 생각은 '정답이 있다'는 착각이다. 가족법인의 지분 구조는 가족의 목표와 비전에 따라 달라진다. 당신은 어떤 미래를 그리고 있는가? 대표적인 3가지 전략 지도를 함께 살펴보자.

1) 전략 1_ 안정적 경영과 점진적 승계를 원한다면: 부부 30%, 자녀 20%씩

4인 가족을 기준으로, 부부가 각각 30%, 두 자녀가 각각 20%의 지분을 갖는 구조다. 가장 안정적이고 균형 잡힌 '방어형 전략'이다.

- 장점: 부부 합산 60%로 법인의 중요 의사결정을 안정적으로 할 수 있는 절대 경영권 확보가 가능하다. 자녀들에게 휘둘리지 않고 애초 비전대로 회사를 이끌어 나갈 수 있다. 동시에 자녀 지분 40%는 회사 성장과 함께 세금 없이 불어난다.
- 활용: 미래 배당을 통해 소득을 분산시키기에도 최적의 구조다.

2) 전략 2_ 완벽한 소득 분산과 공동 경영을 꿈꾼다면: 가족 전원 25%씩

4인 가족이 각각 25%씩 지분을 나누어 갖는 '공동운명체 전략'이다.

- 장점: 미래에 발생할 모든 이익(배당)을 네 명에게 균등하게 배분할 수 있다. 이는 소득세와 건강보험료를 최소화하는 가장 효과적인 방법이다. 누구 한 명에게 소득이 집중되는 것

을 원천 차단할 수도 있다.
- 위험 요소: 모두의 지분이 같다는 것은, 의견이 갈릴 경우 누구도 결정적인 한 표를 행사할 수 없다는 의미다. 가족 간의 신뢰가 깨지는 순간, 회사는 표류할 수 있다. 완벽한 신뢰가 없다면 시도조차 하지 말아야 한다.

3) 전략 3_ 처음부터 자녀에게 모든 것을 물려주고 싶다면: 자녀 50%씩

부모는 주주에서 빠지고 자녀 두 명이 전부 소유하는 것이다. 목표가 오직 '자녀를 위한 법인'이라면, 이보다 더 과감한 전략은 없다.

- 장점: 회사 가치 상승분 전액이 온전히 자녀들의 몫이 된다. 10년 뒤 회사가 100억의 가치가 되어도, 자녀에게 넘겨줄 지분 자체가 없으므로 증여세는 '0원'이다.
- 치명적인 조건: 이 전략의 성공 여부는 단 하나에 달려 있다. "자녀들이 자본금을 낼 돈의 출처를 완벽하게 증명할 수 있는가?" 만약 당신 돈으로 자녀들의 지분을 사준 것이라면, 이것은 완벽한 탈세 행위일 뿐이다. 국세청은 반드시 찾아낸다. 자녀 명의의 예금, 주식, 혹은 과거에 미리 증여해서 신고까지 마친 돈으로 자본금을 냈다는 것을 서류로 100% 증명하지 못하면 '명의신탁'이 되어 세금 폭탄을 맞을 수 있다.

| 가족법인 지분 구조별 전략 및 장단점 비교 |

목표	추천 지분 구조	장점	단점 및 필수 조건
안정적 경영	부부 각 30%, 자녀 각 20%	경영권 방어 용이(부부 합산 60%), 점진적 증여 효과, 소득 분산	—
소득 분산 극대화	가족 전원 각 25%	세금 및 건보료 절감 효과 최강, 완벽한 부의 분배	가족 분쟁 시 의사결정 불가능 (교착상태)
자녀에게 승계	자녀 두 명 각 50%	미래 증여세 0원, 최고의 부의 이전 효과	자녀의 자본금 출처 증빙이 가장 중요! 실패 시 세금 폭탄

자본금, 많을수록 좋다는 착각

가족법인을 구성하려면 거대한 자본금이 있어야 한다는 환상에서 먼저 깨어나야 한다.

"그래도 회사인데, 자본금이 너무 적으면 없어 보이지 않나?", "자본금은 클수록 좋은 것 아닌가?" 이런 질문을 하는 분들이 많은데, 그렇지 않다.

과거에는 상법상 최소 자본금 규정이 있었지만, 지금은 폐지되었다. 단돈 100원짜리 법인도 만들 수 있다. 자본금은 회사의 신용도를 나타내는 지표가 절대 아니다. 자본금이 많다고 해서 신용도를 보장하지 않는다.

예를 들어, '보여주기 위해' 자본금을 1억 원으로 설정했다고 해보자. 4인 가족이 25%씩 지분을 갖는 '전략 2'를 선택한다면, 미성년 자녀는 25%를 위해 2,500만 원을 내야 한다. 하지만 미성년 자녀의 10년간 증여세 비과세 한도는 2천만 원. 설립 첫날부터 500만 원에 대한 증여세를 물게 되는 황당한 상황이 발생한다.

- 자녀가 내야 할 돈: 2,500만 원
- 증여세 비과세 한도: 2천만 원
- 결과: 500만 원(2,500만 원 - 2,000만 원)에 대한 증여세 납부 발생

회사를 만들자마자, 단 1원의 이익도 내기 전에, 불필요한 자본금 설정 때문에 자녀에게 증여세를 물리는 어처구니없는 상황을 만든 것이다. 만약 자녀가 두 명이라면? 이 실수를 두 번 반복하게 된다.

최소 자본금이 답인 이유

더 최악의 상황도 있다. 만약 자녀가 이 2,500만 원을 낼 돈이 없다면? 결국 당신 돈으로 내주게 될 것이다. 그게 바로 국세청이 가장 먼저 찾아내는 '명의신탁'이다. 적발되는 순간 가산세를 포함한 세금 폭탄을 맞고 모든 계획이 수포로 돌아간다.

그렇다면 어떻게 해야 할까? 정답은 명확하다. 자본금을 최소화하는 것이다. 자본금을 1천만 원으로 설정해보자. 똑같이 자녀에게 25% 지분을 준다. 이제 자녀가 내야 할 돈은 얼마일까? 단돈 250만 원이다.

250만 원은 증여세 비과세 한도인 2천만 원보다 훨씬 적다. 과거에 미리 증여해둔 돈으로 충분히 낼 수 있고, 증여세를 낼 필요

도 없다. 자금 출처를 증빙하기도 훨씬 수월하다.

최소 자본금으로 시작해야 하는 이유는 다음으로 정리할 수 있다.

- 세금 절감: 법인을 설립할 때 내는 등록면허세는 자본금에 비례한다. 자본금을 1억 원으로 설정하면 초기 세금 부담만 증가한다. 최소한의 자본금으로 시작해도 충분한데, 큰돈을 출자해 세금으로 낭비할 필요는 없다.
- 현금 유연성: 자본금은 말 그대로 회사에 '묶이는' 돈이다. 대표이사가 마음대로 빼서 쓸 수 없다. 큰돈을 자본금으로 묶어두는 것은 현금 흐름에 전혀 도움이 되지 않는다. 운영 자금이 필요하다면 대표이사의 가수금으로 투입하는 편이 현금흐름 면에서 훨씬 유연하다.

그렇다면 얼마가 정답인가? 1천만 원, 아니 100만 원도 좋다. 부족한 운영 자금은 대표이사가 법인에 빌려주는 '가수금' 형태로 활용하면 된다. 가수금은 언제든 다시 인출할 수 있고 이자나 세금 문제도 없다. 훨씬 유연하고 똑똑한 방법이다.

출처 증빙은 생존 조건

당신은 배우자와 자녀를 주주로 참여시켰는가? 매우 현명한 결정이다. 하지만 그들이 출자한 자본금이 정말 그들의 고유 재산인지 반드시 확인해야 한다. 세무서는 가족법인을 검토할 때 가장 먼저 자본금 출처를 확인한다.

만약 법인 설립 전날 당신 계좌에서 배우자나 자녀 계좌로 송금된 돈이 곧바로 자본금으로 들어갔다면, 이는 100% 증여세 추징 대상이다. 이런 방식은 '명의신탁'으로 간주되며, 국세청은 이런 방법에 절대 속지 않는다. 따라서 배우자와 자녀가 낸 자본금은 반드시 본인 고유 재산에서 나왔음을 통장과 서류로 증명해야 한다. 근로소득, 예적금, 이전에 신고한 증여재산 등 출처를 명확히 기록하고, 통장 거래 내역은 기본 자료로 반드시 확보해야 한다.

돈이 도는 사업이 필요하다: 목적 사업 고르기

사업 목적, 단순 서류가 아니다

법인 설립 시 가장 먼저 맞닥뜨리는 항목은 '사업 목적'을 정하는 일이다. 만약 인터넷에서 '법인 사업 목적'이라고 검색해 나오는 것들, 이를테면 '도소매업, 서비스업, 기타 부대사업 일체……' 등을 무심코 복사해서 넣을 생각이라면 당장 멈추자. 목적 사업을 정하는 것도 방법이 있기 때문이다(목적 사업 리스트는 '# 부록 3'을 참고하라).

    법인의 사업 목적은 그저 서류 구색을 맞추기 위한 형식적인 절차가 절대 아니다. 당신 가족법인이 어떤 분야에서 어떻게 수익을 내고 자산을 키워나갈지 결정짓는 '설계도'이며 법적 활동 범위를 규정하는 '기준'이다. 따라서 신중하고 전략적인 선택이 필요하다.

"많이 넣을수록 좋다" vs. "오히려 독이 된다", 진실은 무엇인가?

이 주제에 대해 조금이라도 알아본 사람이라면, 상반되는 두 가지 주장을 모두 들어보았을 것이다.

1) 주장 1_ "무조건 많이 넣어라. 나중에 추가하려면 돈과 시간이 든다"

이 말도 일리가 있다. 나중에 사업 목적을 추가하려면 주주총회를 열고, 공증을 받고, 등기소에서 변경 등기를 해야 한다. 모든 과정에 시간과 수십만 원의 비용이 들어간다. 처음부터 미리 여러 가지를 넣어두면 나중에 고생하지 않는다는 논리다.

2) 주장 2_ "너무 많이 넣으면 안 된다. 창업 혜택을 받지 못할 수 있다"

이 부분이 전문가와 아마추어를 가르는 핵심이다. 정신 바짝 차리고 들어야 한다.

정부는 청년이나 수도권 과밀억제권역 밖에서 처음 사업을 시작하는 '창업 기업'에 대해 '창업중소기업 세액감면'이라는 엄청난 세금 혜택을 제공한다. 조건만 맞으면 무려 5년간 법인세의 50%에서 100%까지 감면받을 수 있어 수천만 원에서 수억 원까지 절감이 가능하다.[3]

---

3) 감면율은 세법 개정으로 바뀔 수 있다.

그런데 만약 법인을 설립하면서 사업 목적에 '경영 컨설팅, 부동산 임대업, 전자상거래, 소프트웨어 개발, 도소매업' 등 20가지가 넘는 사업을 무작정 넣었다고 가정해보자. 사업도 시작하지 않았는데 모든 것을 이미 창업했다고 적어둔 셈이다. 창업세액감면은 창업 후 5년간 적용되지만, 실제 창업 후 수입이 발생해야 혜택이 의미가 있다. 만약 5년 안에 실제로 새롭게 창업한 사업이 있는데, 미리 사업 목적에 넣어둔 여러 목적 때문에 창업세액공제를 적용받지 못할 수도 있다. 이처럼 무심코 사업 목적을 남발하는 것은 결과적으로 엄청난 세금 차이를 불러올 수 있다. 이는 가족법인 전문가 여부를 판가름하는 중요한 기준이기도 하다.

그렇다면 어떻게 해야 하는가? '핵심 집중 + 미래 대비' 전략

정답은 '균형'이다. 욕심을 부려 무조건 많이 넣을 수도 없고, 그렇다고 미래 대비 없이 지나치게 좁게 정할 수도 없다. 이제 경험을 통해 얻은 황금비율을 알려드리겠다.

1) 1단계_ 당신의 '주력 사업'을 명확히 하라

향후 1~2년 안에 당신 법인이 주력할 사업, 즉 '창업'의 핵심 분야를 명확히 정한다. 예를 들어, '경영 컨설팅'이나 '소프트웨어 개발'일 수 있다. 이 사업이 바로 당신 법인의 '얼굴'이 된다.

2) 2단계_ 필승 포트폴리오를 전략적으로 추가하라

주력 사업이 정해졌다면, 아래 리스트에서 반드시 필요한 것들을 '전략적으로' 덧붙인다.

가족법인 사업 목적 설정 전략과 핵심 사업 구분표		
구분	사업 목적	전략적 고려사항
핵심(얼굴)	통신판매업, 소프트웨어 개발 등 주력 사업 1개	법인의 '창업' 분야임을 명확히 하고, 세무서에 소명 시 중심 사업으로 설명이 가능해야 한다.
필수(몸통)	부동산 임대 및 전대업	대부분 가족법인은 부동산과 연결된다. 창업세액 감면 대상이 아니므로 추가해도 무방하다.
선택(날개)	광고 대행업 및 마케팅업	주력 사업을 보조하는 성격이 강하므로 추가에 부담이 적다.
	교육 서비스업(강의, 강연 등)	대표이사의 전문성과 연결되어 주력 사업과 시너지를 낼 수 있다.

필요에 따라 그 밖의 사업 목적도 추가할 수 있지만, 반드시 '선택과 집중'이 중요하다. 사업 목적 설정은 당신 법인이 받을 수천만 원의 세금 혜택과 직결되는 매우 중요한 전략적 판단이다. 모든 길을 무작정 열어두는 것도 필요하지만, 가장 중요한 '창업'이라는 길을 스스로 막는 우는 범하지 말아야 한다. 당신 법인의 얼굴이 될 주력 사업 하나를 명확히 정하고, 미래를 대비할 4~5개의 보조 사업을 전략적으로 추가하는 것. 이것이 바로 전문가들이 추천하는 최적의 방법이다.

주소 하나에도 전략이 있다: 본점 소재지의 함정과 기회

법인 주소, 단순 우편함이 아니다

"법인 주소요? 그냥 비상주 오피스텔 같은 데서 주소 빌려주는 경우가 많던데…… 거기를 써도 되나요?"

내가 가장 많이 받는 질문이자, 당신의 제국을 모래성으로 만드는 가장 위험한 질문이다. 법인의 주소, 즉 본점 소재지는 단순히 우편물을 받는 장소가 아니다. 이 주소는 당신 법인이 납부할 세금의 규모를 결정하고, 사업 이미지에 영향을 미치며, 때로는 사생활을 보호하는 방패가 되기도 하는 매우 중요한 전략적 요충지다. 더 나아가 금융기관의 신용평가, 투자자의 신뢰, 거래처의 첫인상까지 좌우하는 '법인의 얼굴'이라 할 수 있다. 잘못된 주소 선택은 법인을 '유령 회사'로 낙인찍히게 하고, 세무조사의 표적으로 만들며, 심지어 법인 자체가 부인당하는 최악의 상황까지 초래할 수 있다.

세금 패널티 구역, '수도권 과밀억제권역'의 함정

'수도권 과밀억제권역'. 이 단어를 당신의 뇌에 새겨두자. 정부가 "이 지역은 이미 인구가 너무 많으니, 여기에 회사를 세우면 세금을 더 내게 할 거야!"라며 콕 집어 지정해놓은 '세금 페널티 구역'이다. 서울 대부분 지역과 인천, 경기도의 주요 도시들이 여기에 포함된다.

만약 아무 생각 없이 이 '페널티 구역' 안에 법인을 설립하면?

- 등록면허세 3배 중과: 법인을 설립할 때 내는 등록면허세가 다른 지역보다 3배나 비싸다. 처음부터 내지 않아도 될 세금을 내야 하는 셈이다.
- 취득세 중과: 법인 명의로 부동산을 취득할 때, 취득세가 훨씬 무거워진다.
- 각종 세금 감면 혜택 배제: 창업중소기업 세액감면 등 주요 절세 혜택에서 제외될 수 있다.

선택지별 전략과 위험도

다음 3가지 선택지 중 무엇이 최선이고 무엇이 최악일까? 그 서열을 명확하게 설명드리겠다. 다른 의견은 신경 쓰지 말기 바란다. 이것이 정답이다.

1) 가장 정석적인 선택: 실제 사무실

이것이 원칙이다. 법인은 법적으로 독립된 인격체이며, 고유한 활동 공간이 반드시 필요하다.

① 왜 정석인가?
- 완벽한 실체: 실제 사무실은 법인이 '유령 회사'가 아님을 증명하는 가장 확실한 증거다. 세무서에서 현장 실사를 나와도 100% 방어가 가능하다.
- 대외 신뢰도: 거래처와 금융기관은 실제 사무실이 있는 법인을 신뢰한다. 이는 사업에 대한 진정성을 보여주는 가장 강력한 시그널이다.

② 감수해야 할 점
- 비용: 보증금, 월세, 관리비 등 고정 비용이 발생한다. 하지만 이는 사업을 위한 '투자'이지, 사라지는 '비용'이 아니다.

- 위치 제한: '수도권 과밀억제권역' 밖에 있어야 세금 중과 페널티를 피할 수 있다.

2) 가장 좋지 않은 선택: 비상주 오피스(주소만 빌리는 경우)

월 몇만 원에 주소지를 빌려준다는 광고, 분명히 보았을 것이다. 단언컨대, 이것은 법인에 독약을 타는 것과 같다.

① 왜 최악인가?
- 법인 부인의 위험: 국세청은 이런 '주소 장사'의 실체를 이미 꿰뚫고 있다. 세무조사가 나왔을 때, 당신의 법인이 사업을 수행할 최소한의 물리적 공간(책상, 컴퓨터, 서류 등)이 없다면 어떻게 될까? "이것은 실체가 없는 페이퍼컴퍼니(유령 회사)다"라고 판단되는 순간, 그동안 법인으로 처리했던 모든 비용은 부인당하고 법인세, 부가세 그리고 무거운 가산세까지 한꺼번에 추징당한다. 법인이 공중분해될 수 있다.
- 공동묘지 입주: 당신이 계약한 주소에는 이미 수백 개의 유령 회사가 등록되어 있을 확률이 높다. 그중 한 곳이라도 문제가 생기면, 그 주소에 등록된 모든 회사가 세무서의 '요주의 리스트'에 함께 오르게 된다.

3) 어쩔 수 없다면 차선책: 자택

실제 사무실을 마련할 형편이 되지 않고, 비상주 오피스는 더더욱 피하고 싶다면, 마지막 선택지로 자택 주소를 고려할 수 있다. 단, 반드시 지켜야 할 조건과 주의해야 할 사항이 많다.

① 가능한 경우

경영 컨설팅, 소프트웨어 개발, 전자상거래 등 실제 손님 방문이나 대규모 시설이 필요 없는 업종에 한정된다. 음식점이나 제조업을 집 주소로 등록할 수는 없다.

② 감수해야 할 치명적 단점
- 사생활 완전 노출: 법인 등기부등본은 신분증과 같다. 따라서 자택을 선택할 경우 법인 등기부에 주소가 공개되어 사생활이 완전히 노출된다. 채권자, 불만 고객 등이 현관문을 두드릴 수 있다.
- 이미지 실추: 회사 주소를 검색한 거래처가 아파트나 빌라 주소를 보고 부정적인 인상을 받을 수 있다.
- 세금 페널티: 만약 자택이 '수도권 과밀억제권역' 안에 있다면, 등록면허세 3배 중과 등 세금 페널티를 피할 수 없다.

| 선택지별 전략과 위험도 |

순위	선택지	핵심 특징	위험도(5점 만점)	최종 결론
1. 베스트	실제 사무실	완벽한 실체, 높은 신뢰도	★☆☆☆☆(1점)	비용이 들더라도 원칙이자 정답이다.
2. 워스트	비상주 오피스	저렴한 비용의 유혹	★★★★★(5점)	법인 부인의 지름길, 절대 피해야 한다.
3. 라스트	자택	비용 절감, 차선책	★★★☆☆(3점)	사생활 노출과 세금 페널티를 감수할 때만 고려해야 한다.

신중한 주소 선택이 만드는 법인의 미래

싸고 쉬운 길에는 반드시 함정이 있다. 본점 소재지 선택은 단순한 행정 절차가 아니라, 당신 법인의 정체성과 신뢰도를 결정짓는 첫걸음이다. 잘못된 선택은 '유령회사'라는 낙인과 세무 리스크로 이어져, 소중한 시간과 자원을 송두리째 잃게 만들 수 있다. 반면, 신중하고 전략적인 주소 선택은 사업의 든든한 기반이 되어, 세금 혜택과 대외 신뢰를 확보하며 법인의 지속 성장과 번영을 이끌어낸다.

법인 설립의 시작부터 끝까지, 작은 한 점 주소에도 큰 의미와 가치를 담자. 그것이 바로 진짜 '사업체'와 '유령 회사'를 가르는 첫 번째 기준이다.

99%의 대표는
'이 문서'를 읽지 않는다

정관, 서류 쪼가리가 아닌 '가족 기업의 헌법'

대표님들께 질문을 하나 드리겠다. 법인을 설립할 때, 법무사가 만들어준 두툼한 서류 뭉치, 바로 '정관'을 단 한 번이라도 처음부터 끝까지 꼼꼼하게 읽어본 적이 있는가?

아마 99%의 대표님들은 고개를 저을 것이다.

"그거 그냥 법인 만들 때 필요한 형식적인 서류 아닙니까?", "다 똑같은 내용일 텐데 왜 읽어보겠습니까?"라고 반문할 것이다. 만약 당신도 그렇게 생각했다면, 오늘 이 글을 읽고 나면 생각이 180도 바뀔 것이다. 그리고 서랍 깊숙이 처박아 두었던 정관을 당장 꺼내보고 싶어질 것이다.

정관은 단순한 서류 쪼가리가 아니다. 대표가 직접 제정하는 '우리 가족 기업만의 헌법'이며, 국세청의 날카로운 칼날로부터 자산을 지켜낼 가장 강력한 '비밀 병기'다.

'표준 정관'이라는 달콤한 함정

대부분 대표님들은 법인 설립 시, 법무사가 인터넷에서 다운로드한 '표준 정관'을 그대로 사용한다. 싸고, 빠르고, 편리하기 때문이다. 하지만 이것은 세상에서 가장 안일하고 위험한 선택이다. 표준 정관은 우리 가족의 특수한 상황, 대표의 원대한 비전, 미래에 닥쳐올 세금 리스크를 전혀 고려하지 않은, 말 그대로 '깡통'에 불과하다. 이 깡통 정관으로 사업을 하면 장차 수억, 수십억 원의 세금 폭탄이 터질 수 있는 시한폭탄을 끌어안고 가는 것과 마찬가지다.

당신의 정관을 '황금 방패'로 만드는 5가지 핵심 조항

이제 그 깡통 정관을 우리 가족만을 위한 완벽한 '맞춤 갑옷'이자 '황금 방패'로 만드는 핵심 비법을 공개한다.

1) 사업 목적: 당신의 '영토'를 무한히 확장하라!

- 깡통 정관: 현재 하고 있는 사업(예: 제조업) 외에는 몇 개만 덜렁 적혀 있다.
- 황금 정관: 제조업, 도소매업, 무역업, 전자상거래업, 부동산 개발 및 임대업, 컨설팅업, 프랜차이즈업, 식당 운영업 등 앞으로 우리 가족이 조금이라도 할 가능성이 있는 모든 사업을 넣어둔다.

왜 이렇게 해야 할까? 이것은 대표의 사업 영토를 미리 선포하는 행위다. 나중에 아들이 온라인 쇼핑몰을 하고 싶고, 아내가 작은 카페를 열고 싶을 때, 정관을 뜯어고치는 복잡한 절차 없이 언제든 즉시 사업을 시작할 수 있다. 정관의 사업 목적 조항은 바로 그 창조의 첫 단추다. 단, 무조건 많이 넣는 것보다 전략적으로 선택과 집중을 해야 한다는 점은 이미 말했다.

2) 임원의 보수와 퇴직금: 합법적인 '부의 이전 통로'를 설계하라!

- 깡통 정관: "임원의 보수와 퇴직금은 주주총회의 결의로 정한다"와 같이 애매모호하게 적혀 있다.
- 황금 정관: 퇴직금 계산 공식과 배수를 명확히 한다. 예를 들어, "임원의 퇴직금은 퇴직 전 1년간의 총 급여액의 1/10에 근속연수를 곱한 금액의 2배 또는 3배를 지급한다"처럼 지급 규정을 구체적인 숫자로 명시한다.

이 한 줄이 가진 위력은 대단하다. 대표가 20년간 회사를 위해 헌신하고 퇴직할 때, 국세청은 "왜 이렇게 퇴직금을 많이 줍니까? 세금 더 내세요!"라고 딴지를 걸 수 있다. 하지만 정관에 이 '3배수' 규정이 명확히 박혀 있다면, 누구도 부인할 수 없는 합법적인 권리가 된다.

3) 주식의 양도: 우리 가족의 '성'을 지키는 문지기를 세워라!

- 깡통 정관: 주식 양도에 대한 아무런 제한이 없다.
- 황금 정관: "주식을 양도하고자 할 경우, 반드시 이사회의 승인을 얻어야 한다"라는 조항을 추가한다.

가족법인은 우리 가족만의 성(城)이다. 그런데 만약 아들이 이혼하면서 며느리가 위자료로 회사 주식의 일부를 가져간다면 어떻게 될까? 혹은 주주 중 한 명이 빚을 져서 엉뚱한 채권자가 우리 회사의 주주가 된다면? 생각만 해도 끔찍한 일이다.

이 '양도 제한' 조항은 바로 그런 외부의 침입자로부터 우리 가족의 성을 지키는 강력한 '문지기' 역할을 한다. 우리 가족의 동의 없이는 단 한 주의 주식도 외부로 나갈 수 없도록 빗장을 걸어 잠그는 것이다.

4) 이익의 배당: 회삿돈을 자유롭게 활용하는 '비상금 통로'를 열어라!

- 깡통 정관: 1년에 한 번, 결산 후 정기 주주총회에서만 배당이 가능하다.
- 황금 정관: "회사는 영업연도 중 1회에 한하여 중간배당을 할 수 있다"라는 조항을 추가한다.

갑자기 자녀의 유학 자금이 필요할 때, 혹은 좋은 투자 기회가 생겼을 때, 내년 3월 정기 주총까지 손가락만 빨며 기다려야 한다면 얼마나 답답할까? '중간배당' 조항은 바로 이럴 때 위력을 발휘한다. 필요할 때 언제든 주주총회를 열어 합법적으로 회사의 이익을 가져올 수 있는, 그야말로 '가족법인 비상금 ATM'을 만드는 것이다.

5) 자기주식 취득: 쌓여 있는 이익을 처리하는 '마법의 지우개'를 장착하라!

- 깡통 정관: 자기주식 취득에 대한 근거가 없다.
- 황금 정관: "회사는 상법 규정에 따라 자기 명의와 계산으로 자기 주식을 취득할 수 있다"라는 근거를 명확히 한다.

이 조항은 조금 어려운 이야기일 수 있지만, 매우 중요하다. 회사에 이익이 계속 쌓이면 나중에 세금 폭탄이 된다고 말했다. '자기주식 취득'은, 법인이 주주(대표나 가족)에게서 주식을 사들이는 방법으로, 쌓여 있는 이익을 합법적으로 소각하고 주주에게 현금을 지급하는 강력한 출구전략 중 하나다. 이 전략을 사용하려면 반드시 정관에 그 근거가 있어야만 한다.

지금이 바로 '정관 점검의 날'이다

이제 정관이 단순한 서류가 아니라는 사실이 피부로 느껴질 것이다. 정관은 대표가 직접 설계하고 지휘하는 '부의 이전 시나리오'이자, 우리 가족의 미래를 지켜내는 '법률적 방패'다. 지금 서랍 속에서 먼지를 뒤집어쓴 정관을 꺼내보자. 그리고 앞에서 소개한 5가지 황금 조항이 하나라도 빠져 있는지 점검해보자.

만약 그 어떤 조항도 제대로 반영되어 있지 않다면, 지금이 바로 개정의 골든타임이다. 시간이 지나 세금 문제나 경영권 분쟁이 터진 뒤에는 손쓸 방법이 훨씬 제한된다. 정관은 한번 만들어두면 끝이 아니라, 기업과 함께 진화해야 하는 '살아 있는 문서'다. 전문가와 함께 지금 당장 업그레이드하여 법인을 세금·경영·상속의 모든 위험으로부터 보호하는 진정한 '황금 정관'으로 완성하라. 이 선택이 훗날, 수억에서 수십억 원의 차이를 만들어낼 것이다.

성공하는 가족법인 설립의 9단계 로드맵

법인 설립, 왜 시작부터 길을 잃는가

법인 설립, 말만 들어도 머리가 아파오는가? 등기소, 정관, 공증…… 알 수 없는 용어들 앞에서, 가장 먼저 누구를 찾아가야 할지 막막한가? 대부분의 사람들은 이 순간, 습관처럼 '법무사'를 떠올린다. 그러나 이것이야말로 당신이 저지르게 될 가장 치명적인 첫 번째 실수다.

설계사가 먼저, 시공사는 나중

건물 지을 때를 떠올려보자. 시공업자를 먼저 찾아가는가, 아니면 설계사를 먼저 찾아가는가? 당연히 설계사다. 건물의 구조와 목적, 방향을 정하는 설계도 없이는 시공 자체가 불가능하기 때문이다. 가족법인 설립에도 이 원칙이 그대로 적용된다.

법무사는 당신이 만든 설계도를 바탕으로 법적 절차에 맞춰 시멘트를 붓고 벽돌을 쌓아주는 '시공사'다. 서류 절차의 전문가이지, 당신 법인의 미래 전략을 설계해주는 사람은 아니다. 즉, 가족법인을 계획하고 전략을 짜는 전문가는 아니다.

반면 법인 전문 세무사는 당신 가문의 자산과 목표를 분석하여 세금을 최소화하고 부를 이전하는 최적의 방법을 담은 '설계도'를 그린다. 주주구성, 지분 구조, 자본금 규모, 사업 목적, 가족법인을 계획하고 전략을 짜는 정관의 특수 조항까지, 법인의 '알맹이'를 만드는 진짜 설계사다.

실패의 절반을 피하는 단순한 비밀

순서를 틀리지 말자. 시공사를 먼저 만나면, 당신은 인터넷에 떠도는 똑같은 모양의 집을 비싼 돈 주고 짓게 될 뿐이다. 당신의 제국을 설계하고 계획하는 세무사를 먼저 만나 밑그림을 완벽하게 그린 뒤, 그 설계도를 들고 시공사를 찾아가야 한다.

이제 당신 손에 직접 '설계도'를 그릴 수 있는 지휘봉을 쥐어드리겠다. 복잡한 법인 설립 과정을 단 9단계 로드맵으로 정리했다. 이 순서대로만 따라오면, 당신은 모든 과정을 지휘하는 완벽한 설계자가 될 수 있다.

단계	핵심 목표	주요 내용	체크리스트/ 결과물
1단계	기본 구성원 결정(누구와 함께할 것인가)	주주·임원(대표이사, 이사, 감사) 구성을 확정하는 단계	주주·임원 명단, 각자 지분율 확정
2단계	법인 상호 정하기(당신 제국의 이름은 무엇인가)	부르기 쉽고 기억하기 좋은 '이름'을 짓는 단계	인터넷등기소에서 '상호' 중복 여부 확인
3단계	사업 목적 확정(무엇으로 돈을 벌 것인가)	법인의 '정체성'을 결정하는 단계. 주력 사업 + 미래 대비 사업을 전략적으로 구성	주력 사업 1개 + 미래 대비 보조 사업 4~5개 선정
4단계	본점 소재지 결정(어디에 깃발을 꽂을 것인가)	제국의 '영토'를 정하는 단계. 실제 사무실/자택 등 최적 장소 확정, 세무 리스크 회피	최종 주소 확정
5단계	자본금 결정 및 납입(얼마로 시작할 것인가)	최소 자본금(100만~1,000만 원) 설정, 대표이사 개인 통장에 '주금납입'으로 입금 및 증명	잔고증명서 발급
6단계	정관·서류 준비(제국의 헌법을 만들어라)	맞춤형 정관, 주주총회 의사록, 이사 결정서, 주주명부 등 제국의 헌법 완성	정관, 주주총회 의사록, 이사 결정서, 주주명부 및 각 구성원의 인감증명서와 주민등록등본 등
7단계	법인 인감도장 제작(왕의 옥새를 만들어라)	계약·등기 등 법인의 공식 도장 제작	법인 인감, 사용 인감, 직인
8단계	법인 설립 등기(제국의 탄생을 선포하라)	완성된 설계도(모든 서류)를 시공사(법무사)에 제출 후 등기 완료(7~10일 소요), 법적 실체 부여	법인 등기부등본
9단계	사업자등록 신청(전쟁터에 나갈 준비를 마쳐라)	관할 세무서에 '사업자등록' 후 영업 활동 및 세금계산서 발행 가능	사업자등록증

성공하는 가족법인의 마지막 비밀

어떤가? 9단계 과정을 따라가면 복잡해 보이던 가족법인 설립도 훨씬 명확해진다. 전문 가족법인 세무사와 함께라면 이 모든 절차를 어렵지 않게 마칠 수 있다. 꼭 기억하기 바란다. 설계(세무사)가 먼저이고 시공(법무사)은 그다음이다. 이 원칙 하나만 지켜도 실패 확률을 절반으로 줄일 수 있다.

이제 당신의 제국을 당신 손으로 설계하고 지휘하라. 그 순간, 성공의 문은 활짝 열릴 것이다.

창업 후 반드시 해야 할
행정 절차 완벽 가이드

"사업자등록증을 받았다고 모든 게 끝난 건 아니다"

축하드린다. 드디어 당신의 손에 '사업자등록증'이 들려 있다. 하지만 아직 끝난 게 아니다. 남은 몇 가지 절차만 더하면, 당신의 가족법인은 진정한 '전투 준비 완료' 상태가 된다. 이제 필수 행정 무기 4가지를 하나씩 장착해보겠다.

무기 1. 법인 계좌 개설 및 법인카드 발급

가장 먼저 할 일은, 사업자등록증을 들고 은행으로 달려가는 것이다. 다시 한번 강조하지만 개인 통장으로 법인 돈을 관리할 생각을 하고 있다면, 당신은 사업할 자격이 없다. 개인 통장과 법인 자금을 절대 섞지 마라. 단 1원이라도 섞이는 순간, 자금의 흐름은 엉망이 되고 세무조사의 가장 확실한 표적이 된다. 모든 거래는 반드시 법인 계좌를 거쳐야 하며, 경비 지출도 법인카드로 처리해야 비용 인정과 세금 절감이 확실해진다.

은행에 가서 법인 명의의 입출금 통장을 개설하고, 인터넷 뱅킹 신청과 함께 OTP(보안카드)를 발급받는다. 반드시 법인 체크카드나 신용카드를 함께 만들어야 한다. 앞으로 모든 경비 지출은 이 카드로 처리해야, 누락 없이 비용을 인정받고 세금을 줄일 수 있다.

- 필요 서류: 법인 등기부등본, 법인 인감증명서 및 인감도장, 사업자등록증 사본, 대표이사 신분증. 단 은행마다 서류 요구가 다를 수 있으니 사전 문의는 필수다.

무기 2_ 홈택스 가입 및 전자세금계산서용 인증서 발급

은행 업무를 마쳤다면, 국세청에 들어가는 열쇠를 받아야 한다. '홈택스(Hometax)'는 국세청이 운영하는 세금 관리 시스템으로, 당신이 세금을 신고하고, 납부하며, 세금계산서를 발행하는 온라인 본부다.

은행에서 발급받은 OTP와 법인 명의의 공동인증서(구 공인인증서)를 이용해 홈택스에 회원가입을 한다. 특히, 전자세금계산서 발행을 위한 전용 인증서는 미리 발급받아두어야 한다(은행용 1개 + 전자세금계산서용 1개, 각 4,400원). 그래야 매출을 일으켰을 때, 거래처에 즉시 세금계산서를 발행할 수 있다.

무기 3_ 4대 보험 성립 신고

법인의 대표이사는 '근로자'다. 대표이사 1인 법인이라도 보수를 받는다면 4대 보험(국민연금, 건강보험, 고용보험, 산재보험) 가입은 의무다. 급여를 받지 않는 경우라면, '무보수 대표이사' 신청을 반드시 해야 한다.

- '4대사회보험 정보연계센터' 사이트에 접속하여 '사업장 성립 신고'
- 위 과정이 복잡하게 느껴진다면, 세무사에 대행을 맡겨라. 시간과 실수를 방지할 수 있다.

무기 4_ 유능한 세무사 선임

이제 가족법인을 모두 세팅했다. 그런데 가족법인을 장기적으로 안정되게 관리하고 성장시키려면 전문 세무사가 필요하다.

세무 대리인은 단순히 1년에 한 번 세금 신고를 대신해주는 사람이 아니다. 법인의 재무 상태를 점검하고, 불필요한 세금을 막아주며, 당신이 놓치고 있는 절세 전략을 알려주는 '최고의 참모'다. 사업 초기에 기장(회계장부 작성)의 틀을 제대로 잡지 않으면, 나중에는 손을 쓸 수 없을 정도로 엉망이 된다. 특히 대출을 받는 경우 재무제표는 가족법인 전문 세무사가 관리하는 것이 좋다. 여러 가지 노하우가 숨겨져 있기 때문이다.

수수료가 싸다는 이유만으로 아무나 선택해선 안 된다. 가족법인에 대한 이해도가 높고, 적극적으로 절세 전략을 제시하는 '가족법인 전문' 세무사를 찾아야 한다. 가족법인에 대한 이해도, 전략 제안 능력을 확인해서 결정하자. 증여와 상속, 병의원까지 전문으로 하는 세무사라면 시스템을 갖추고 있을 테니 안심하고 맡겨도 된다.

| 4단계 액션 로드 |

단계	필수 행동	왜 해야 하는가(결과)
1단계	법인 계좌 및 카드 개설	자금의 투명성 확보, 세무조사 위험 방지, 경비 처리 용이
2단계	홈택스 가입 및 인증서 발급	원활한 세금 신고 및 납부, 세금계산서 발행 준비
3단계	4대 보험 성립 신고	과태료 폭탄 방지, 대표이사 보수의 정당성 확보
4단계	유능한 세무 대리인 선임	절세 전략 수립, 재무관리, 세무 리스크 방어

● TIP

가족법인 7대 흑역사 방지법

가족법인을 성공적으로 운영하려면, 먼저 '망하는 법'부터 알아야 한다. 이번 글에서는 가족법인이 피해야 할 7가지 지뢰의 위치를 정확히 알려드리겠다. 아래 7가지만 피하면 당신은 이미 상위 10%의 시작점에 서게 된다.

① 전문가 선택 순서를 거꾸로 하지 마라

법인을 세울 때는 반드시 세무사부터 찾아야 한다. 집을 지을 때 당신은 설계도를 그려줄 건축가를 먼저 만나나, 아니면 벽돌을 쌓을 시공업자를 먼저 만나나? 답은 정해져 있다. 그런데 왜 법인을 세울 때는 세금 설계도를 그려줄 '세무사'가 아닌, 등기 서류를 처리해줄 '법무사'부터 찾아가는가? 법무사는 당신이 만든 설계도대로 집을 지어줄 뿐, 당신에게 맞는 집을 설계해주지 않는다. 오해하지 말아야 할 것은 법무사가 잘 못한다는 것이 절대 아니다.

세금 전략이라는 알맹이 없이, 법무사에게 껍데기(등기)만 만들게 하면 장기적으로 치명적인 구조가 된다. 설계가 먼저, 시공은 나중이다.

② 명의신탁이라는 시한폭탄을 안지 마라

자녀가 낼 자본금이 없다는 이유로 내 돈을 자녀 통장에 넣어 자본금으로 납입하거나, 배우자·부모 명의를 빌려 주주로 올려놓았나? 그렇다면 당신은 '세금 탈루'의 증거를 스스로 만든 셈이다. 이 선택은 대표적인 가족법인 실패 사유다. 국세청은 당신의 모든 계좌를 손바닥 보듯 들여다보고 있다. 그 '잘못된' 자금의 흐름이 적발되는 순간 증여세와 무서운 가산세 폭탄이 터질 것이다.

③ 표준 정관을 그대로 쓰지 마라
정관은 당신 제국의 '헌법'이다. 그런데 이 헌법을 인터넷에서 무료로 다운받아 쓸 것인가? 표준 정관은 최소한의 '뼈대'일 뿐이라 절세·승계에 필요한 핵심 무기가 빠져있다. 대표이사 퇴직금 규정, 나중에 회사의 이익을 세금 없이 가져올 수 있는 '이익소각' 규정 등이 없다. 당신의 헌법에 스스로 '족쇄'를 채우지 말고 맞춤형 전략을 반드시 넣어야 한다.

④ 법인 돈을 개인 지갑처럼 쓰지 마라
법인카드로 가족 외식비를 계산하고, 법인 계좌에서 현금을 뽑아 개인 용도로 쓰는가? 그 돈은 당신 돈이 아니다. '법인'이라는 또 다른 인격체의 돈이다. 당신이 가져간 모든 돈은 장부에 '대표이사 가지급금'이라는 빚으로 기록된다. 이 빚에 대해서 법인은 매년 4.6%의 이자를 받아야 하고, 받지 않으면 그만큼을 대표이사의 상여로 처리해 소득세 폭탄, 그리고 대출 제한까지 가져올 수 있다. 법인 통장에 손을 대는 순간, 지옥의 문을 여는 셈이다. 법인 돈은 법인의 것이지, 당신의 것이 아님을 명심하라.

⑤ 근거 없이 대표이사 월급을 책정하지 마라
"대표라면 그래도 월급은 최소 1천만 원은 받아야지."

무슨 근거로 1천만 원을 받아야 한다고 생각하는가? 법인의 매출은 0원인데, 아무런 근거 규정도 없이 대표이사 월급부터 높게 책정하는 순간, 당신은 세무서에 '나를 조사해달라'고 광고하는 것과 같다. 월급을 받으려면, 정관에 임원 보수 규정이 명확히 있어야 하고, 법인의 이익 규모에 맞는 합리적인 수준이어야 한다.

⑥ 100% 지분과 잘못된 주주구성을 피하라
"내 회사니까 당연히 내 지분 100%!"라고 외치며 만족해하는가? 그것은 당신의 제국을 지키는 성이 아니라, 당신 스스로를 가두는 '황금 감옥'일 뿐이다. 지분 100%를 갖는 순간, 당신은 미래의 모든 세금을 혼자 감당해야 한다. 법인이 버는 모든 이익에 대한 배당소득세, 건강보험료 폭탄을 혼자 맞게 된다. 더 최악인 것은, 10년 뒤 회사가 100억의 가치가 되었을 때, 이 지분을 자녀에게 넘겨주려면 막대한 증여세와 양도세가 발목을 잡는다는 것이다. 당신이 평생 일군 회사가 세금 때문에 해체될 수도 있다. 여기서 더 어리석은 실수는, 부모님을 주주로 넣는 것이다. 효도하는 마음으로, 혹은 자본금이 부족해서 부모님을 주주로 참여시킨다고 생각하겠지만 이는 부의 흐름을 역행시키는, 세금의 부메랑을 던지는 일이다. 나중에 부모님이 돌아가시면 어떻게 될까? 부모님 소유의 그 주식은 '상속 재산'이 되어 다시 당신에게 돌아온다. 결국 당신은, 당신의 회사를 물려받으면서 '상속세'를 내야 하는 어처구니없는 상황에 처하게 된다. 주지 않아도 될 세금을 스스로 만들어서 내는 최악의 선택이 되는 것이다.

⑦ 증빙 없는 비용처리는 금물
"사업과 관련된 비용이니 당연히 인정되겠지."

천만의 말씀이다. 세법은 당신의 말을 믿지 않는다. 오직 '서류', 즉 세금계산서, 신용카드 매출전표, 현금영수증과 같은 '적격 증빙'만을 믿는다. 아무리 사업을 위해 수백만 원을 썼어도, 증빙이 없다면 그 돈은 1원도 비용으로 인정받지 못하고, 그만큼 당신의 세금만 늘어날 뿐이다. '영수증 챙기는 것을 잊지 마라'는 말은 잔소리가 아니라, 당신의 돈을 지키는 가장 기본적인 전투 기술이다.

| 가족법인 설립·운영 시 피해야 할 7가지 실수 |

번호	주요 실수 유형	실수의 문제점	초래되는 위험 및 손실
1	전문가 선택 순서	세무사가 아니라 법무사에 먼저 상담함	껍데기뿐인, 비효율적인 법인 설립
2	명의신탁	내 자금으로 가족 명의 주식 취득	증여세·가산세 폭탄, 세무조사 1순위
3	표준 정관 사용	맞춤 전략 없는 기본 정관 채택	절세 기회 상실, 미래 운용 제한
4	가지급금 발생	회사 자금을 사적으로 전용	인정이자 과세, 소득세 폭탄, 대출 제한
5	근거 없는 보수	규정 없이 대표이사 월급 책정	비용 불인정, 세무조사 빌미 제공
6	잘못된 주주구성	100% 지분 또는 부모님만 주주 등록	세제 불이익, 불필요한 상속세 발생, 세금 폭탄
7	증빙 없는 비용처리	영수증 없이 경비 집행	비용 불인정, 법인세·부가가치세 증가

4장

100년 가는 '부의 제국'을 완성하는 지배 기술
가족법인은 '관리'가 핵심이다

법인은 만들고 나서가 진짜 시작이다

설립은 출발선일 뿐 경영이 승부를 가른다

당신은 드디어 '가족법인'이라는 배를 띄웠다. 축하드린다. 아마도 수년간의 고민과 망설임 끝에 내린 결단이었을 것이다. 주변의 만류, 혹은 '그거 다 부자들이나 하는 것 아니냐'는 시선에도 불구하고, 당신은 가족의 미래를 위해 용기를 냈다.

그런데, 바로 이 지점에서 수많은 사람들이 치명적인 착각을 한다. 가족법인을 설립하고 등기를 마치는 순간, 모든 것이 끝났다고 안도하는 것이다. 마치 힘든 시험을 통과한 수험생처럼 이제 두 다리 뻗고 편히 잘 수 있으리라 생각한다.

정말 그럴까? 천만의 말씀이다. 당신은 이제 막 출발선에 섰을 뿐이다. 진짜 게임은 지금부터 시작이다. 가족법인은 만들 때보다 운영할 때가 100배, 아니 1,000배는 더 중요하기 때문이다.

가족법인을 '절세 도구'로만 본다면 90%를 버리는 셈

대부분의 사람들은 가족법인을 그저 '절세를 위한 도구' 정도로만 생각한다. 물론 틀린 말은 아니다. 하지만 이는 가족법인이 가진 잠재력의 10%도 채 활용하지 못하는 생각이다. 이러한 생각에 머물러 있는 한, 당신의 가족법인은 '세금 폭탄'을 품은 시한폭탄이 된다.

당신이 최고 성능을 자랑하는 F1 경주용 머신을 손에 넣었다고 가정해보자. 이 머신을 동네 마트에 장 보러 가는 데만 사용한다면 어떨까? 사람들은 당신을 비웃을 것이다. 심지어 당신은 그 머신의 시동을 거는 법, 제대로 운전하는 법조차 몰라서 결국 차고에 방치해둘지도 모른다. 시간이 지나면 머신은 녹슬고, 결국 고철 덩어리가 될 뿐이다.

가족법인도 마찬가지다. 설립만 해놓고 아무런 '운영' 전략 없이 방치하는 순간, 그것은 더 이상 당신의 자산을 지켜주는 방패가 아니라 발목을 잡는 족쇄가 될 것이다.

'운영'의 본질: 법인을 하나의 인격체처럼 대하라

그렇다면 '운영'이란 대체 무엇일까? 거창하고 복잡한 회계 지식을 말하는 것이 아니다. 가족법인을 '살아 있는 생명체'처럼, 당신의 또 다른 '나'라고 생각하고 인격을 부여하는 것이다.

예를 들어보겠다. 많은 분들이 상가나 빌딩을 소유하고 있거나, 앞으로 소유하기를 꿈꾼다. 이 부동산을 관리하기 위해 가족법인을 설립했다고 가정해보자.

이때 대부분이 저지르는 최악의 실수가 있다.

- 월세가 법인 통장으로 들어오면 건물 수리비를 개인 카드로 결제
- 생활비가 필요하면 법인 통장에서 그냥 인출
- 가족 식사 후 법인카드로 결제하며 '이 정도는 경비 처리되겠지'라고 생각

이건 사소하지만 매우 위험한 행동이다. 국세청은 이런 행위를 '업무 무관 경비', '자금의 사적 유용'으로 보고 날카로운 칼날을 들이민다. 절세 효과는커녕 오히려 가산세까지 포함된 세금 폭탄을 맞을 수 있다.

성공하는 소수가 지키는 3가지 원칙

성공하는 사람들은 가족법인을 '별개의 인격체'로 존중하고, 모든 거래에 '증거'를 남긴다. 이들이 실천하는 현명한 방법은 다음과 같다.

1) 나에게 월급을 줘라

- 대표이사로서 급여 계약을 체결하고 매달 받는다.
- 배우자를 이사로, 자녀를 직원으로 등재했다면 역할에 맞는 급여를 지급한다.
- 가족에게는 소득이 되고, 법인에는 비용(인건비)으로 적용해 법인세 절감 효과가 있다.
- 법인의 돈은 '그냥' 빼 쓰는 것이 아니라 정식으로 책정된 '급여'를 통해 받는다는 원칙만 고수하면 된다.

2) 모든 거래에 절차와 형식을 갖추어라

- 내 건물이라도 대표이사인 '나'와 '법인' 사이에 정식으로 '부동산 관리용역 계약'을 체결한다.
- 매달 적정한 관리 수수료를 법인에 지급하여 법인의 매출로 잡는다.

3) 비용처리는 철저하게 증빙하라

- 건물 수리비, 공과금, 심지어 대표이사가 업무용으로 사용하는

| 가족법인 운영 성공·실패 사례와 세무·자금 관리 전략 |

구분	실패하는 방식(가족법인을 개인 금고처럼 사용)	성공하는 방식(가족법인을 인격체로 존중)
대표자 보수	필요할 때마다 법인 돈을 인출(증빙 없음)	급여 계약을 후 매달 정해진 급여 지급
결과	가지급금 발생. 인정이자 계산 및 대손 처리 불가 → 세무조사 시 위험 최고조	대표이사는 근로소득세 납부 + 법인은 인건비로 비용처리하여 법인세 절감
경비 처리	가족 식사비, 개인용품 구매비 등 법인카드로 결제(업무 관련성 증빙 불가)	업무 관련 증빙 철저(운행일지 작성, 회의록 구비 등)
결과	비용 불인정 → 대표이사 상여 처분되어 소득세 추가 부담	법인세 절감 극대화
자금 운용	법인 이익금 방치, 출구 전략 없음	급여, 배당, 퇴직금 등 사전 설계로 저세율 인출(출구 전략 마련)
결과	법인에 쌓인 돈을 가져올 방법이 없어 결국 높은 세금을 부담하게 됨	합법적 절세 전략을 통해 낮은 세율로 자산을 개인에게 이전

차량의 유류비와 보험료 등 업무 관련 비용은 전부 법인 비용으로 처리한다.

- '업무 관련성'을 증명할 수 있는 명확한 증거가 필요하므로 차량 운행일지·세금계산서·현금영수증 등 적격 증빙을 반드시 갖춰야 한다.

사업소득 vs. 임대소득 vs. 투자소득: 수익구조별 리스크와 수익률

가족법인의 '먹거리'를 점검하라

당신의 가족법인은 무엇을 먹고 자라나?

이 질문이 뜬금없게 느껴질지 모르지만, 사실 바로 이 질문이 당신 가족법인의 운명을 좌우하는 가장 근본적인 물음이다. 법인도 살아 있는 생명체와 같다. 무엇을 먹이느냐에 따라 근육질의 건강한 거인이 될 수도 있고, 비실거리다 결국 쓰러지는 허약한 존재가 될 수도 있다.

많은 사람은 가족법인을 설립하기만 하면 모든 것이 해결될 것이라고 착각한다. 그러나 '어떤 돈'으로 법인의 통장을 채울 것인지, 다시 말해 '수익 구조'를 어떻게 설계할 것인지 고민하지 않는 것은 갓 태어난 아기에게 무엇을 먹일지 계획조차 세우지 않는 부모와 다르지 않다.

당신의 가족법인이 먹을 수 있는 '음식'은 크게 3가지다. 사업소득, 임대소득, 투자소득이다. 이 3가지 '음식'의 특징을 이해하고, 어떤 것을 주식으로 삼고 어떤 것을 반찬으로 삼을지 결정하는 것이 건강하고 튼튼한 가족법인을 키우는 핵심 비결이다.

사업소득: 법인의 근육과 뼈대를 만드는 '주식(主食)'

'사업소득'은 가족법인이 적극적인 활동을 통해 직접 벌어들이는 돈이다. 컨설팅, 상품 판매, 용역 제공 등 당신의 재능과 노력을 '일'로 바꾸어 얻는 대가다. 이는 우리 식탁의 '밥과 고기' 같은 존재로 법인의 '근육과 뼈대'를 만드는 가장 중요한 영양소다.

특히 국세청이 가장 중요하게 여기는 '사업의 실체'를 증명하는 확실한 방법이기도 하다. 활발한 매출 활동을 하는 법인을 '껍데기뿐인 회사'라고 폄하할 수 없다. 또한, 사업소득은 세금을 줄이는 가장 강력한 무기다. 사업을 위해 사용한 인건비, 사무실 비용, 광고비, 접대비 등 거의 모든 지출을 비용으로 인정받아 법인세를 효과적으로 낮출 수 있기 때문이다. 이는 마치 운동선수가 최고의 성과를 내기 위해 단백질과 탄수화물을 충분히 섭취하는 것과 같다.

하지만 이 가장 중요한 음식에는 한 가지 조건이 붙는다. 바로

'땀과 노력'이라는 재료가 반드시 필요하다는 사실이다. 가만히 앉아 있기만 해서는 단 한 숟가락도 얻을 수 없다. 당신과 가족이 직접 고객을 만나고, 상품을 기획하며, 세심하게 서비스를 제공해야만 얻을 수 있는 귀한 음식이다.

만약 이런 노력 없이 가짜 계약서 등으로 억지로 사업소득을 꾸민다면, 그것은 결국 법인에 '독'을 먹이는 것과 같다. 당장은 배부른 것처럼 보일지라도, 결국 온몸에 독이 퍼져 돌이킬 수 없는 치명적 상태에 이르게 될 것이다

임대소득: 안정적인 에너지를 공급하는 '링거 주사'

'임대소득'은 가족법인이 소유한 부동산(상가, 꼬마빌딩 등)에서 나오는 월세 수입이다. 많은 사람이 가장 먼저 떠올리는 수익 모델이기도 하다.

이 음식의 가장 큰 장점은 '안정성'이다. 마치 환자에게 꾸준히 영양을 공급하는 '링거 주사'와 같다. 특별한 활동 없이도 매달 정해진 날짜에 어김없이 현금을 공급해 법인이 최소한의 생명을 유지할 수 있도록 돕는다.

하지만 치명적인 약점도 분명히 존재한다. 링거 주사만 맞는 환자를 '건강하다'고 말할 수 있을까? 결코 아니다. 그저 '살아만 있는' 상태에 불과하다. 임대소득에만 의존하는 가족법인은 국세청

의 눈에 '스스로 아무런 활동도 하지 못하는 식물인간'처럼 비칠 수 있다. 또한 성장의 한계 역시 너무나 뚜렷하다. 임대료 수입만으로는 자산을 폭발적으로 늘리기 어렵다. 부동산 '관리'라는 적극적인 활동으로 사업소득(관리 수수료)을 만들어내지 않는 한, 임대소득은 언제나 공격받을 수 있는 약한 고리일 뿐이다.

투자소득: 초고위험 '특효약' 혹은 '독약'

'투자소득'은 가족법인의 자금으로 주식, 펀드, 가상자산 등에 투자하여 얻는 수익이다. 이 음식의 잠재력은 그야말로 '폭발적'이다. 잘만 성공하면 법인의 체력을 단숨에 슈퍼맨 수준으로 끌어올리는 '특효약'이 될 수 있다. 적은 노력으로 엄청난 부를 창출할 수 있다는 점이 대단히 매력적이다.

하지만 효과가 강력한 약일수록 '치명적인 부작용'도 크다. 투자의 세계는 냉정하다. 하룻밤 사이에 당신의 소중한 자산을 재로 만들어버리는 '독약'으로 돌변할 수 있다. 세무적으로도 가장 골치 아프다. 법인의 고유 사업 활동이 아닌 대표이사 개인의 재테크 수단으로 비칠 경우, 국세청은 그 실체를 부인하고 모든 수익을 대표이사 개인의 소득으로 간주할 수 있다. '이건 사업이 아니라 개인의 투기 아닌가?'라는 의심을 받는 순간, 쌓아 올린 모든 것이 무너질 위험이 크다.

무엇을 먹일 것인가: 균형 잡힌 식단의 중요성

현명한 영양사는 한 가지 음식만 고집하지 않는다. 여러 영양소를 조합해 '완벽하게 균형 잡힌 식단'을 세심하게 설계한다.

가장 이상적인 가족법인 역시 이 3가지 음식을 조화롭게 섭취한다. 기본 체력은 '임대소득(링거 주사)'으로 유지하여 안정적인 현금흐름을 확보하고, 법인이 외부의 위기에 흔들리지 않도록 든든한 기초를 다진다. 핵심 근육은 '사업소득(밥과 고기)'으로 키우며, 적극적인 사업 활동을 통해 누구도 부인할 수 없는 건강한 실체를 만들어낸다. 동시에 폭넓은 비용 인정을 통해 절세 효과까지 극대화한다.

그리고 남은 잉여 에너지로는 '투자소득(특효약)'을 시도하여, 감당 가능한 위험 범위 안에서 자산의 폭발적인 성장을 과감히 노린다.

자본금? 가수금? 가지급금? 비용처리?: 돈 흐름을 통제하라

가족법인 금고, 구멍은 없는가?

당신의 가족법인 금고에 '구멍'이 뚫려 있지는 않은가? 아마 당신은 이렇게 답할지도 모른다. "내 회사 금고는 내가 관리하는데 무슨 소리요?"라고 말이다. 하지만 바로 그 '내 회사'라는 생각, 즉 '내 돈'과 '회사 돈'을 구분하지 못하는 치명적인 착각이 금고에 구멍을 내고, 소중한 자산을 줄줄 새어나가게 만드는 주범이다.

가족법인의 성공과 실패는 단 한 가지에 달려 있다. 바로 '돈의 흐름을 어떻게 관리하고 통제하는가'다. 이 흐름을 이해하지 못하면, 성실하게 세금을 내고도 세무조사의 표적이 되는 억울한 상황에 부딪치게 된다.

지금부터 당신의 가족법인 금고를 채우고 또 비우는 4가지 돈의 정체를 파헤쳐 보겠다. 이 4가지의 이름과 성격을 구분하는 순간, 당신은 돈의 흐름을 지배할 수 있는 힘을 갖게 될 것이다.

자본금: 이 집의 '주춧돌'

'자본금'은 가족법인이라는 '집'을 지을 때, 가장 먼저 땅에 박는 '주춧돌'과 같다. 법인을 설립할 때 주주인 당신과 가족이 "우리는 이 정도의 돈을 기초로 이 집을 튼튼하게 짓겠습니다"라고 세상에 공표하는 약속의 돈이다.

이 주춧돌은 단단하고 공식적이어야 한다. 등기부등본에도 명확히 기록된다. 자본금이 1억 원이라면, 이 집이 최소 1억 원의 가치를 가진 주춧돌 위에 세워졌다는 의미다. 가족법인의 '공식적인 시작'이자 '신용의 근본'인 셈이다.

가수금: 엄마가 몰래 채워주는 '반찬통'

법인이라는 집을 막 짓고 나면 당장 쓸 돈(운영자금)이 부족할 수 있다. 이때 대표이사가 개인 돈을 법인 통장에 넣는 것이 '가수금'이다. 마치 자식 집에 반찬거리가 떨어졌을까 봐, 엄마가 와서 냉장

고를 채워주고 가는 것과 같다.

가수금은 '법인이 주주(대표이사)에게 잠시 빌린 돈', 즉 법인의 '빚'이다. 이것이 곧바로 문제가 되는 것은 아니다. 오히려 법인이 급히 자금이 필요할 때 조달할 수 있는 유용한 수단이 될 수 있다. 그러나 생각해보자. 냉장고가 계속해서 비어 엄마가 채워줘야만 하는 집이 과연 정상적인 가정일까? 가수금이 계속 쌓인다는 것은, 법인이 스스로 돈을 벌지 못하는 허약한 체질임을 보여주는 명백한 신호다. 국세청은 이 '빚'을 보며 의심의 눈초리를 보내기 시작한다.

"이 법인, 뭔가 수상한데?"

가지급금: 당신의 금고에 구멍을 내는 '검은 손'

가장 위험한 돈이 바로 '가지급금'이다. 가지급금은 가수금과 정반대다. 법인 통장에 있는 돈을 대표이사인 당신이 '아무런 증빙 없이' 개인적인 용도로 빼서 쓰는 행위다. 이것은 마치 당신의 가족법인 금고에 '검은 손'이 들어와 돈을 야금야금 훔쳐 가는 것과 같다. 자녀의 학원비, 개인 술값, 생활비 등 이유는 다양하다.

당신은 '내 회사 돈, 내가 쓰는 게 뭐 어때?'라고 생각할지 모르지만 천만의 말씀이다. 국세청 눈에는 '횡령'과 다르지 않다. 법인이라는 별도의 인격체 돈을 대표이사가 사적으로 가져간 것으로 보기 때문이다. 이 '검은 손'이 남긴 흔적(가지급금)이 발견되는 순간, 끔찍한 세금 폭탄이 터지기 시작한다.

- 인정이자: 공짜로 돈을 빌려간 것이므로 법인에 이자를 내야 한다.
- 지급이자 손금불산입: 법인이 은행에서 대출을 받아도 이 가지급금만큼은 사업과 무관한 돈으로 보아 이자 비용을 인정해주지 않는다.
- 상여 처분: 결국 이 돈을 당신의 보너스(상여)로 간주하여, 소득세를 추가로 물어야 한다.

앞에 살펴본 이유로, 가지급금은 가족법인을 한 방에 무너뜨릴 수 있는 가장 무서운 암적인 존재다.

비용처리: 집을 유지하고 관리하는 '관리비'

'비용처리'는 법인이라는 집을 운영하기 위해 정당하게 돈을 사용하는 행위다. 직원 월급, 사무실 월세, 업무용 차량 유류비, 거래처 접대비 등이 모두 여기에 포함된다. 이는 집을 따뜻하게 유지하기 위한 '난방비'나, 안전을 지키기 위한 '보안 시스템 요금'과 같은 '필수 관리비'다.

국세청은 이 '관리비' 사용을 인정해주는 대신, 반드시 '영수증'이라는 증거를 요구한다. 어디에, 왜, 얼마를 썼는지 명확하게 증명해야만 비용으로 인정받고 법인세를 절감할 수 있다. 증빙 없는 비용은 비용이 아니라 또 다른 '가지급금'으로 오해받을 뿐이다.

이 4가지 돈의 흐름을 다음 표로 한눈에 비교해보자. 머릿속이 명확하게 정리될 것이다.

| 돈 흐름의 핵심 비교 |

구분	순수입(과세표준) 1억 5천만 원	가수금 (엄마의 반찬통)	가지급금 (검은 손)	비용 (관리비)
돈의 성격	법인의 시작을 알리는 공식적인 기초 자산	대표이사가 법인에 빌려준 돈(법인의 빚)	대표이사가 법인에서 빼간 돈(대표이사의 빚)	법인 운영을 위해 정당하게 사용한 돈
돈의 방향	주주 → 법인(IN)	주주 → 법인(IN)	법인 → 주주(OUT)	법인 → 거래처 (OUT)
세무상 의미	법인의 신용도 및 규모 척도	법인의 부채. 과도할 경우 재무 건전성 의심	세무조사 1순위. 횡령으로 간주될 수 있음	법인세 절감의 핵심. 반드시 증빙 필요
위험도	안전	주의	매우 위험	안전(증빙 시)

돈의 흐름을 지배하는 힘

이제 당신의 가족법인 통장 내역을 펼쳐보자.

- 당신의 주춧돌(자본금)은 충분히 튼튼하게 쌓여 있나? 법인의 신용과 안정성은 바로 이 주춧돌 위에서 시작된다.
- 엄마의 반찬통(가수금)에만 의존하고 있지 않은가? 외부 지원

없이 법인이 스스로 돈을 벌 수 있는 구조를 갖추는 것이 장기적 성장의 열쇠다.
- 무엇보다, 당신도 모르는 사이, 검은 손(가지급금)이 금고에 구멍을 내고 있지 않은가? 작은 구멍이라도 방치하면 법인의 자산이 점점 새어나가며, 어느 순간 회복 불가능한 재정 위기에 직면할 수 있다.

돈의 흐름을 철저히 관리하고 통제하는 것은 단순한 회계적 작업이 아니다. 그것은 가족법인을 건강하게 성장시키고, 위기 상황에서도 흔들리지 않게 만드는 경영자의 필수 능력이다. 당신이 돈의 흐름을 지배할 때, 가족법인은 안정적이면서도 공격적인 성장을 동시에 추구할 수 있다. 반대로 흐름을 방치하면, 법인은 점점 당신과 가족의 손을 떠나는 '돈의 노예'가 될 뿐이다. 결국 돈의 흐름을 이해하고 통제하는 힘은, 법인을 살아 있는 유기체처럼 건강하게 만들고, 동시에 당신과 가족의 재산을 지켜내는 가장 강력한 방패가 된다.

퇴직금과 가업승계, 이 두 마리 토끼를 잡는 법

엑시트 전략 없이 쌓은 왕국은 허사다

한 가지 질문을 던지겠다.

"당신은 당신이 평생을 바쳐 이룬 이 왕국의 '마지막 문'을 어떻게 열고 나오겠는가?"

이 질문에 즉시 답하지 못했다면, 당신은 지금껏 성실하게 쌓아 올린 모든 것을 한순간에 잃을 수 있는 치명적인 위험 앞에 서 있는 것이다.

많은 대표들이 앞만 보고 달린다. 더 큰 매출, 더 넓은 공장, 더 많은 직원을 외치며 평생을 바쳐 자신만의 왕국, 즉 가족법인을 건설한다. 정말 존경스러운 일이다. 하지만 정작 그 왕국에서 가장 중요한 '출구', 즉 '엑시트(Exit) 전략'에 대해서는 아무런 고민이 없다.

이것은 마치 세상에서 가장 화려하고 튼튼한 성을 지어놓고, 그 안에서 나오는 방법을 몰라 스스로 감옥에 갇힌 왕과 같다. 성 안에 쌓인 금은보화(법인에 쌓인 이익)는 산더미 같지만, 정작 왕 자신은 그 돈을 단 1원도 마음대로 쓰지 못하고, 성 밖으로 가지고 나올 방법도 모른다.

결국 세월이 흘러 힘이 다했을 때, 그가 선택할 수 있는 길은 두 가지뿐이다. 성을 통째로 자식에게 물려주며 엄청난 '상속세'를 내거나, 성벽을 부수고 금은보화를 꺼내려다 '세금 폭탄'을 맞는 것뿐이다. 이 얼마나 비극적인 결말인가? 당신도 이런 비극의 주인공이 되고 싶은가? 이 비극을 피하고, 당신이 이룬 모든 것을 완벽하게 지키며 명예롭게 퇴장할 수 있는 '두 개의 황금 열쇠'가 있다. 그것이 바로 '가업승계'와 '퇴직금 설계'다. 이 두 가지는 별개가 아니다. 하나의 완벽한 계획 안에서 톱니바퀴처럼 맞물려 돌아가야 하는, 당신 인생 최고의 프로젝트다.

황금 열쇠 1_ 가업승계: '아름다운 바통 터치'를 설계하라

가업승계는 단순히 '자녀에게 회사를 물려주는 것'이 아니다. 그것은 당신이 평생을 달려온 릴레이 경주에서, 다음 주자인 자녀에게 '바통'을 넘겨주는 가장 중요한 순간이다.

1) 최악의 바통 터치: 대부분이 저지르는 실수

- 아버지는 여전히 회사의 모든 것을 쥐고 놓아주지 않는다. "아직 넌 멀었다"고 말하며 자녀를 그저 '월급 받는 직원'으로만 취급한다.
- 갑자기 건강이 악화되거나 세상을 떠나면, 준비 없는 자녀는 우왕좌왕하고 회사는 방향을 잃고 흔들린다.
- 여기에 상상조차 하기 싫은 수십억 원의 상속세 고지서가 날아온다. 결국 자녀는 세금을 내기 위해 회사를 팔거나, 평생 빚을 갚으며 살아야 하는 처지에 놓인다.

2) 최고의 바통 터치: 극소수 현명한 자들의 준비

- 역할 부여: 자녀를 일찍 법인에 입사시켜 실무를 배우게 하고, 점진적으로 지분을 증여한다. 10년간 비과세 한도(성인 자녀 5천만 원) 내에서 꾸준히 증여하는 것만으로 5억 원의 지분을 세금 없이 넘길 수 있다.
- 시스템 구축: '아버지의 감'이 아니라 '시스템'으로 회사가 돌아가게 만든다. 매뉴얼과 의사결정 구조를 갖춰 아버지가 없어도 운영되는 법인을 만든다. 이것이 진정한 승계다.
- '권위' 물려주기: 공식 이사회나 주주총회를 통해 자녀를 임원으로, 최종적으로는 대표이사로 선임한다. 모든 직원과 거래처가 인정하는 '공식적인 후계자'를 만드는 것이다.

성공하는 아버지는 최소 10년 전부터 승계를 계획한다. 이는 차가운 계획이 아니라, 자녀를 위한 아버지의 가장 뜨거운 '사랑'이다.

황금 열쇠 2. 퇴직금 설계: '합법적인 금고'를 만들어라

당신이 평생 일군 회사의 이익은 당신의 '피와 땀' 그 자체다. 이제 그 보상을 받을 시간이다. '퇴직금'은 국가가 창업자에게 허락한, 가장 세금이 낮은 '합법적인 금고'다.

법인에 쌓인 수십억 원의 이익 잉여금을 생각해보자. 이 돈을 어떻게 가져올까? 배당으로 가져오면 금융소득종합과세 대상이 되어 최대 49.5%의 세금을 내야 한다. 10억을 가져오면 5억이 세금으로 나간다. 급여로 가져와도 소득세 최고세율을 피할 수 없다.

하지만 '퇴직금'은 다르다. 퇴직소득세는 다른 소득과 합산하지 않고 별도로 계산하며, 수십 년간의 공로를 인정하여 엄청난 공제 혜택을 준다. 같은 10억을 가져와도, 실효세율은 10~20%대에 불과할 수 있다.

1) 최악의 퇴직: 준비 없는 자

- 퇴직 당일 퇴직금을 계산한다.
- 법인에 지급할 현금이 없고, 정관에 퇴직금 규정도 없어 세무서에서 인정해주지 않는다.

- 평생 일한 대가를 한 푼도 못 받고, 법인에 쌓인 돈은 그림의 떡이 되어버린다.

2) 최고의 퇴직: 준비된 자의 피날레

- 정관에 '퇴직금 지급 규정'을 명확히 명시한다. 일례로, "대표이사 퇴직 시 퇴직 전 3년간 평균 연봉의 3배(혹은 2배)에 근속연수를 곱한 금액을 지급한다"와 같이 구체적인 규정을 두는 것이 바람직하다.
- 퇴직금 재원을 '미리' 마련한다. 매년 법인 이익의 일부를 대표이사 퇴직금을 위한 보험에 적립하거나 별도의 자산으로 쌓아두는 방식이다. 이렇게 적립된 금액은 비용으로 처리되어 법인세 절감 효과까지 얻을 수 있다.

| 준비된 엑시트가 만드는 미래 |

구분	최악의 시나리오(준비 없는 은퇴)	최상의 시나리오(완벽하게 설계된 은퇴)
승계 방식	갑작스러운 상속(유고)	계획된 사전 증여 및 경영권 이양
자녀 부담	수십억 원 상속세 폭탄, 회사 매각, 가업 포기 위기	세금 부담 최소화, 안정적인 경영권 확보
퇴직금 준비	퇴직금 규정 없음, 지급할 현금 없음	정관에 명확한 규정, 금융상품 등으로 재원 완벽 구비
창업자 보상	평생 대가 한 푼도 못 받음, 법인 돈은 그림의 떡	수십억의 퇴직금을 낮은 세율로 수령, 풍요로운 노후
결과	가족 해체, 회사 위기, 평생의 노력이 물거품	2대에 걸친 부의 이전, 존경받는 창업자, 명예로운 퇴장

마지막 유산은 '계획'이다

당신이 평생을 바쳐 일군 회사와 재산은 단순한 숫자가 아니다. 그것은 수많은 밤을 새우며 지켜온 꿈이자, 가족의 미래를 담보하는 토대다. 하지만 그 모든 것은 계획 없는 마지막 순간에 순식간에 무너질 수 있다. 수십억의 이익잉여금이 남아 있어도, 잘못된 방식으로 꺼내면 절반 이상이 세금으로 사라진다. 아무 준비 없이 회사를 물려주면, 자녀는 상속세 폭탄과 경영 부담 속에 평생 허덕일 수 있다. 그리고 그 순간, 당신의 평생 노력은 기록 속의 숫자와 사진 몇 장만 남게 된다.

엑시트 플랜(Exit Plan)은 단순히 '퇴직 후 돈 챙기기'가 아니다. 당신의 노후를 지키는 안전장치이자 자녀에게 회사와 부를 온전히 물려주는 통로이며, 가문의 명예와 사업의 지속성을 보장하는 설계도다. 이 플랜이 없다면, 당신의 왕국은 당신과 함께 사라지고 만다. 그러나 지금 시작한다면, 10년 후 당신은 '회사를 물려준 존경받는 창업자'로서 풍요로운 노후를 즐기고, 자녀가 안정적으로 성장하는 모습을 지켜볼 수 있다.

지금이 가장 이른 시점이다. 세금 제도와 승계 규정은 언제든 바뀔 수 있지만, 준비가 먼저 된 사람에게 변화는 기회가 된다. 오늘 결심하라. 그리고 그 결심이 당신 가문과 회사를 다음 세대로 이어주는 가장 위대한 유산이 될 것이다.

가족 간 분쟁을 예방하는
'부의 평화 시나리오'

'가장 사랑하는 원수'가 되지 않기 위해

당신의 가족은 '가장 사랑하는 원수'인가? 세상에서 가장 가깝고 소중한 존재지만, 돈 문제 앞에서는 그 누구보다 무서운 적이 될 수 있는 사람들, 그들이 바로 가족이다.

당신은 아마 이렇게 생각할지도 모른다.

'우리 가족은 다르다. 우리 애들은 착해서 돈 가지고 싸울 애들이 아니다.'

하지만 정말 그럴까? 이것은 세상에서 가장 위험하고도 슬픈 착각이다. 돈 자체는 악마가 아니지만, 돈은 사람의 마음속 깊이 숨어 있던 서운함, 불만, 질투심을 수백 배로 증폭시키는 무서운 '확성기' 역할을 한다.

당신이 평생을 바쳐 이룬 '가족법인'이라는 결실이, 자녀들에게는 '축복'이 아니라 '저주의 씨앗'이 될 수 있다는 끔찍한 상상을 해보신 적 있는가? 당신의 장례식장에서 서로를 부둥켜안고 위로해야 할 자녀들이 변호사를 대동하고 재산 분쟁을 벌이는 모습, 그 비극은 결코 영화 속 이야기가 아니다.

이 모든 비극의 뿌리는 단 하나, '규칙의 부재'다. 당신이 살아있을 때, 가족법인의 규칙은 오직 당신 머릿속에만 존재했다. 당신의 왕국(가족법인)에서 당신은 유일한 '왕'이었다. 당신의 말 한마디가 법이었고, 당신의 기분에 따라 상과 벌이 결정되었다. 그런데 당신이 사라진 뒤에는 어떻게 될까? 왕이 사라진 왕국에 규칙마저 없다면, 남는 것은 오직 '전쟁'뿐이다.

이 비극적인 전쟁을 막고, 부(富)가 자녀들에게 평화롭게 흘러가게 하는 방법이 있다. 바로 '부의 평화 지도'를 그리는 것이다. 이것은 세무 기술이 아니라, 가족의 행복을 지키는 '마음의 기술'이다.

전쟁의 불씨 1_ '불공평하다'는 서운함

아버지를 도와 법인에서 청춘을 바쳐 일한 아들이 있다. 아버지는 아들에게 법인 명의로 차량을 제공했다. 한편, 일찍 결혼해서 평범한 주부로 살아가는 딸이 있다. 딸에게는 명절 때 주는 용돈 외에는 아무런 혜택이 없다.

아버지는 생각한다. '회사를 위해 고생하는 아들에게 이 정도는 당연하지.'

하지만 딸은 생각한다. '나는 자식 아닌가? 왜 오빠만 모든 것을 다 받지?'

이 작은 '서운함'의 불씨는 며느리와 사위가 합세하는 순간 걷잡을 수 없는 들불로 번진다.

전쟁의 불씨 2_ '희생하고 있다'는 억울함

반대의 경우도 있다. 아들은 법인에서 월급 300만 원을 받으며 밤낮없이 일하지만, 아버지는 "아직 배울 게 많다"며 아들에게 회사의 그 어떤 지분이나 권한도 주지 않는다. 법인의 이익은 수억 원씩 쌓여가지만, 아들의 삶은 전혀 나아지지 않는다.

아들의 아내는 생각한다. '남편은 저 회사에 착취당하고 있어. 시아버지 좋은 일만 하고 있잖아!' 이 '억울함'이라는 감정은 결국 "아버지, 더는 이렇게 못 하겠습니다!"라는 폭탄선언으로 터진다.

'부의 평화 지도'를 그리는 3가지 원칙

이 모든 갈등을 막기 위해, 당신은 지금 당장 '우리 가족만의 헌법'을 만들어야 한다.

1) 원칙 1_ 모든 것을 투명하게 공개하라

가장 먼저 해야 할 일은, 가족 모두를 앉혀놓고 법인의 재무 상태를 투명하게 공개하는 것이다.

"법인의 자산은 얼마이고, 빚은 얼마이며, 지난해 수익은 얼마다."

이 같은 사실을 숨기는 순간, 의심이 싹트고 불신이 싹트기 시작한다.

2) 원칙 2_ '역할'과 '보상'의 원칙을 세워라

이는 가장 중요한 원칙이다. 가족이라는 이유만으로 무언가를 주어서는 안 된다.

회사에서 일하는 자녀에게는 동종업계의 같은 직급, 같은 경력의 직원이 받는 수준의 '객관적인 급여'를 지급하고, 그 이상의 보상은 '성과'에 따라 결정한다. 이것은 직원에 대한 '존중'의 표현이다.

회사에 참여하지 않는 자녀에게는 '주주'로서의 권리를 보장해 주어야 한다. 법인에 이익이 나면 공평한 비율로 '배당'을 실시하는 것이 가장 좋은 방법이다.

3) 원칙 3_ 모든 것을 '문서'로 남겨라

앞에서 정한 모든 원칙을 문서화하라. 이 문서에는 우리 가족의 비전, 퇴사 조건, 보상 체계, 분쟁 해결 절차 등을 담는다. 말은 공기 중으로 흩어지지만, 문서는 남아 '영원한 약속'이 된다.

부의 평화 지도는 '가문의 헌법'이다

부의 평화 지도를 만든다는 것은 단순히 재산을 분배하는 방법을 정하는 것이 아니다. 그것은 가문의 철학과 가치를 다음 세대에 전달하는 통로이며, 당신이 세운 사업과 이름을 오래도록 지키는 장치다. 규칙 없는 부는 반드시 갈등을 낳는다. 하지만 명확한 규칙과 합의가 있는 부는 세대를 넘어 번영한다.

가문의 헌법이 존재한다면, 자녀들은 서로를 경쟁자가 아닌 동반자로 바라볼 수 있고, 재산은 분쟁의 씨앗이 아니라 협력의 자원이 된다. 이 헌법은 단순한 계약서가 아니다. 가문의 역사와 정신을 담고, 재산과 권한을 공정하게 배분하며, 분쟁이 발생했을 때 해결할 절차를 명확히 제시하는 살아 있는 문서다.

가문의 헌법은 곧 가문의 안전벨트다. 안전벨트를 미리 매면 사고가 나도 피해를 최소화하듯, 이 문서가 있으면 예기치 못한 상황에서도 가족의 신뢰와 사업의 지속성이 지켜진다.

가문의 헌법 작성 체크리스트

가족 간 분쟁은 '돈이 많아서'가 아니라 '규칙이 없어서' 생긴다. 가문의 헌법은 단순한 문서가 아니라, 세대를 거쳐 부와 관계를 지켜줄 안전장치. 다음 체크리스트를 따라 하나씩 채워가면, 당신의 가족법인은 사랑과 신뢰 위에 세워진 평화로운 왕국이 될 것이다.

① 가문의 비전·가치 정의

- 우리 가문의 핵심 가치 3가지(예: 성실, 신뢰, 혁신)를 정했는가?
- 사업의 존재 이유와 장기 목표를 가족이 공유했는가?
- 다음 세대에 반드시 지켜야 할 '가문의 철칙'을 문서화했는가?

② 자산 현황의 투명화

- 법인의 자산·부채·수익 현황을 모든 가족 구성원이 이해하고 있는가?
- 연 1회 이상 가족 회의에서 재무 보고를 진행하는가?
- 자산의 위치·관리 방법·책임자를 명확히 기록했는가?

③ 역할과 보상 원칙 설정

- 회사에서 일하는 가족의 직무·권한·평가 기준이 명확한가?

- 급여·성과급·복리후생의 지급 기준이 객관적으로 정해져 있는가?
- 회사에 참여하지 않는 가족의 배당 기준과 시기가 명확한가?

④ 분쟁 예방 및 해결 절차

- 가족 간 이견 발생 시 중재·조정 절차가 마련되어 있는가?
- 외부 전문가(변호사·세무사·가업승계 컨설턴트) 활용 규칙이 있는가?
- 분쟁 시 지분 매각·경영권 이양 조건을 사전에 합의했는가?

⑤ 문서화와 서명

- 위의 모든 원칙과 절차를 '가문의 헌법' 문서로 작성했는가?
- 모든 직계 가족이 문서 내용을 충분히 이해하고 서명했는가?
- 문서를 안전한 장소(법률 사무소, 금고 등)에 보관했는가?

세무조사는 '반드시' 온다:
표적 신호를 제거하는 핵심 전략

'사업의 저승사자'가 문을 두드릴 때

어느 날 아침, 당신의 사무실 문이 벌컥 열린다. 낯선 사람들이 웃음기 없는 표정으로 다가와, 차갑게 공무원증을 내밀며 말한다.

"국세청에서 세무조사 나왔습니다."

그 순간, 당신의 머릿속은 하얗게 변하고 심장은 바닥까지 곤두박질친다. 지난 수년간의 거래 내역이 주마등처럼 스쳐 지나가고, '혹시 내가 뭘 잘못했나?'라는 공포가 온몸을 휘감는다. 많은 기업인들이 이 순간을 '사업의 저승사자가 찾아온 날'이라고 부른다.

대부분의 대표들은 세무조사를 단순히 '운이 나쁜 사건'쯤으로 생각한다. 마치 로또에 당첨되듯 우연히 '재수없는 일'에 걸린다고 믿고 싶어 한다. 정말 그럴까?

하지만 현실은 전혀 다르다. 당신이 세무조사의 '표적'이 되었다는 것은, 이미 국세청의 빅데이터 분석 시스템(PCI 등)이 당신의 약점을 포착했고, 충분한 증거를 확보했다는 뜻이다. 당신은 이미 발가벗겨진 상태로 수술대 위에 오른 것과 같다. 최근에는 AI가 세무조사 대상을 선정한다. 거래 패턴, 가족 간 자금 흐름, 이익률 변화 등을 실시간으로 분석해 조사 대상을 골라낸다. 무서운 세상이다.

그렇다면 국세청이라는 이 무서운 사냥개는 대체 어떤 '냄새'를 맡고 당신을 추적하는 걸까? 지금부터 그 치명적인 냄새 4가지를 살펴보겠다.

치명적인 냄새 1_ 대표이사와 가족의 '수상한 재산 증가'

소득 신고는 거의 없는데, 갑자기 대표이사가 강남 아파트를 사고, 배우자가 고급 외제차를 뽑았다. 국세청은 바보가 아니다. 그 돈이 어디서 났는지 반드시 파고든다. 그리고 그 출처가 법인 돈일 것이라는 강력한 의심을 품고, 법인 계좌를 샅샅이 뒤지기 시작한다.

치명적인 냄새 2_ 이유 없는 '자금 이동'

대표적인 것이 '가지급금'이다. 대표이사가 아무런 증빙도 목적도 없이 법인 돈 수천만 원, 수억 원을 빼서 썼다면, 이 돈은 국세청의 표적지에 새겨진 '과녁의 정중앙'과 같다. 이 냄새를 풍기는 순간, 세무조사는 99% 확정되었다고 봐도 무방하다.

치명적인 냄새 3_ 업계 평균과 동떨어진 '이상한 수치'

같은 업종, 같은 규모의 기업은 평균 이익률이 20%인데, 당신 법인의 이익률은 5%에 불과하다. 왜일까? 국세청의 컴퓨터는 즉시 경고등을 켠다.

"이 법인, 가짜 경비를 만들어 이익을 줄이고 있군."

당신이 아무리 정직하게 신고했더라도, 통계에서 벗어나는 순간 당신은 '잠재적 탈세범' 취급을 받는다.

치명적인 냄새 4_ 내부자나 경쟁자의 '악의적 제보'

퇴사한 직원이 앙심을 품고, 혹은 당신을 시기한 경쟁자가 "저 회사, 수상하다"며 국세청에 제보하는 경우다. '설마' 싶겠지만, 국세청 제보 시스템은 생각보다 훨씬 강력하며, 모든 제보는 그냥 지나치는 법이 없다.

이 냄새들을 지우지 않는다면 당신은 언제 터질지 모르는 시한폭탄을 품은 채 사업을 하는 것과 같다. 그렇다면 어떻게 국세청이라는 사냥개의 추적을 피하고, 세무조사라는 '사업의 저승사자'를 무력화할 수 있을까? 세무조사의 그림자를 지우는 3가지 전략을 소개하겠다.

전략 1. 모든 거래에 '꼬리표'를 붙여라

돈이 10만 원이라도 법인 통장에서 나갔다면, 반드시 이유와 증거를 남겨야 한다. 이것이 바로 거래의 꼬리표다.

- 직원과 식사를 했다면, 법인카드 영수증 뒤에 상대방의 이름과 소속을 적어둔다.
- 거래처에 선물을 보냈다면, 접대비 내역서에 목적을 명확히 기록한다.
- 대표이사인 당신이 돈을 썼다면, '급여', '배당', '상여'처럼 공식적이고 합법적인 사유를 명시한다.

꼬리표 없는 돈은, 국세청 눈에는 곧 '횡령된 돈(가지급금)'으로 보일 뿐임을 명심해야 한다.

전략 2_ 가족법인 전문가의 '예방주사'를 맞아라

세무조사라는 전쟁에서 살아남으려면, 적보다 먼저 나를 알아야 한다. 평소 관리가 소홀했다면, 당신을 가장 잘 아는 가족법인 세무사에게 의뢰해 정밀 진단을 받아라.

전문가는 국세청 조사관의 시각으로 당신의 장부를 샅샅이 검토하며 약한 고리를 찾아내 즉시 보완할 것이다. 이 과정은 진짜 저승사자가 들이닥치기 전에, 우리 편의 의사에게 미리 진단받아 아픈 곳을 치료하는 것과 같다. 이 '예방주사' 비용을 아끼다 수억 원의 '수술비(추징세)'를 내는 것은, 감기약 아끼다 폐렴에 걸리는 것보다 훨씬 어리석은 선택이다.

전략 3_ 최고의 '방패'를 미리 준비하라

세무조사가 시작되면, 당신은 혼자 싸울 수 없다. 당신을 대신해 국세청의 날카로운 창을 막아내고, 논리적으로 방어해줄 최고의 '방패', 즉 능력 있는 세무사가 필요하다. 단, 이 방패는 갑자기 구할 수 있는 것이 아니다. 평소 법인 상황을 속속들이 이해하고, 함께 재무 전략을 고민해온 전문가만이 진정한 방패 역할을 할 수 있다. 세무조사 통보를 받은 뒤 허겁지겁 변호사나 세무사를 찾는 것은, 이미 불길이 집 전체를 삼킨 뒤에야 소방차를 부르는 것과 다름없다.

세무조사는 피할 수 없는 재난이 아니다. 더 이상 두려움의 대상도 아니다. '준비'와 '전략'만 있다면 충분히 통제 가능하고 관리 가능한 리스크다. 지금 당장, 당신의 가족법인에서 풍기는 '치명적인 냄새'부터 제거하라. 그것이 당신의 사업과 가문을 지키는 첫걸음이다.

세무조사 대비 7가지 점검 포인트

① 대표이사·가족의 재산 증가 모니터링

- 최근 3년간 소득 대비 부동산·고가 차량 등 자산 증가가 과도하지 않은가?
- 출처 증빙 자료를 보관하고 있는가?

② 가지급금(이유 없는 자금 이동) 제로화

- 법인 자금이 증빙 없이 대표·가족 계좌로 흘러간 적은 없는가?
- 과거 발생분은 상환 또는 합법적 처리 계획이 있는가?

③ 업계 평균과의 차이 분석

- 매출·이익률이 업계 평균에서 과도하게 벗어나지 않는가?
- 차이가 있다면 사유를 서면으로 정리해두었는가?

④ 내부자·경쟁자 제보 리스크 관리

- 퇴직자나 경쟁사의 불만·갈등 요소를 최소화하고 있는가?
- 주요 이해관계자와의 관계가 원만한가?

⑤ 거래 '꼬리표' 완벽 부착

- 법인 지출 시 목적·대상·증빙을 철저히 기록했는가?
- 영수증·계약서·송장 등 관련 서류를 즉시 보관하는가?

⑥ 가족법인 전문 세무사의 정기 진단

- 최소 연 1회, 외부 전문가의 모의 세무조사를 받고 있는가?
- 장부·증빙·계약서 등에서 취약 지점을 개선했는가?

⑦ 위기 시 대응할 '방패' 확보

- 평소 회사 사정을 깊이 아는 세무사·회계사와 관계를 유지하고 있는가?
- 세무조사 개시 시 즉시 투입 가능한 전문가 명단이 있는가?

5장

가족법인으로
부자 되는 5년 각본
연차별 시나리오를
그대로 실행하라

가족법인 부자 모델:
설계 → 증여 → 배당 → 퇴직금

당신이 아직 부자가 아닌 단 하나의 이유

자, 이 글을 읽고 있는 당신에게 아주 도발적인 질문 하나를 던지겠다.

당신은 부자가 되고 싶은가? 아마 99%는 "그렇다"고 대답할 것이다. 너무나 당연한 질문이었나? 좋다.

그렇다면 두 번째 질문이다. 당신은 왜 아직 부자가 되지 못했나? 열심히 일하지 않아서? 운이 없어서? 종잣돈이 부족해서? 아니다. 전부 틀렸다. 당신이 아직 부자의 길에 들어서지 못한 이유는 단 하나, 부자들이 사용하는 '시스템'을 모르기 때문이다. 월급만 차곡차곡 모으고, 세금은 국가가 시키는 대로 다 내면서 부자가 되겠다는 것은, 맨손으로 땅을 파서 유전을 찾겠다는 것과 같다. 불가능하지는 않지만, 너무나 비효율적이고 어리석은 방식이라는 뜻이다.

부자들은 절대 '개인'으로 일하지 않는다

수년간 수많은 자산가와 평범한 직장인들을 만나왔다. 그리고 그들의 자산이 불어나는 과정, 혹은 흩어지는 과정을 옆에서 생생하게 목격했다. 결론은 아주 명확했다. 부자들은 결코 '개인'의 이름으로 일하지 않는다. 그들은 '시스템'을 통해 돈을 벌고, 지키고, 불려간다. 그리고 그 시스템의 가장 강력한 형태가 바로 '가족법인'이다.

"아, 그거 너무 복잡한 거 아닌가? 돈 많은 사람들이나 하는 거 아닙니까?"

바로 그 생각이, 당신을 평생 일터에 묶어두는 '가난의 족쇄'다. 오늘 그 낡아빠진 고정관념을 산산조각 내고, 누구나 실행할 수 있는 '3단계 가족법인 부자 모델'을 명확하게 제시할 것이다. 이 모델은 수많은 성공 사례로 검증된, 가장 확실하고 빠른 길이다.

1단계_ '부의 그릇'을 만들어라

모든 것의 시작이자 가장 중요한 단계다. 바로 당신의 자산을 담을 튼튼한 '그릇'을 만드는 것이다. 이 그릇이 바로 '가족법인'이다.

왜 그릇이 필요할까? 한번 상상해보자. 당신이 땀 흘려 번 돈, 즉 소득은 지금 어디에 담겨 있을까? 아마 '김리치'라는 개인 명의의 통장에 담겨 있을 것이다. 이것은 마치 밑 빠진 독에 물을 붓는 것과 같다. 당신이 1억을 벌면, 국가는 '소득세'라는 이름으로 최대 40%에 가까운 돈을 가져간다. 당신이 집을 한 채 사면 '취득세'를 내고, 가지고 있으면 '보유세'를 낸다. 자녀에게 물려줄 때는 '증여세'라는 무시무시한 세금이 기다린다. 당신의 돈은 끊임없이 새고 있는 것이다.

그러나 가족법인을 만드는 순간 모든 것이 달라진다. 가족법인은 당신과 가족을 위한 '세금 방패'이자 '자산 금고'다. 이제 당신의 소득은 개인 김리치가 아닌 '가족법인'이라는 별도의 인격체로 들어온다. 개인에게 적용되던 높은 세율의 소득세가 아닌, 훨씬 낮은 세율의 법인세(약 10~20%)가 적용된다. 이것이 첫 번째 변화의 시작이다. 세금이라는 구멍을 막아, 더 이상 당신의 부가 새어나가지 않도록 단단한 그릇을 만드는 것. 이것이 부자로 가는 첫걸음이다.

예를 들어, 프리랜서 강사 A씨는 연 1억 원을 벌어 세금으로 약 2,500만 원을 낸다. 같은 수입의 B씨는 가족법인을 설립해 법인세 약 1천만 원만 낸다. 시작부터 1,500만 원의 차이가 발생한다. A

씨가 허덕이며 세금을 내는 동안, B씨는 그 1,500만 원으로 새로운 노트북을 사고, 배우자에게 급여를 주고, 남은 돈을 투자한다. 누가 더 빨리 부자가 될지는 명확하다.

2단계_ '비용의 파이프라인'을 연결하라

튼튼한 그릇을 만들었다면, 이제 그 그릇에 돈이 흘러 들어오고 나가는 길, 즉 '파이프라인'을 설계해야 한다. 여기서 대부분의 사람들이 두 번째 충격을 받는다.

"당신이 쓰는 돈이, 사실은 돈을 버는 기술이 될 수 있습니다."

이게 무슨 말일까? 개인사업자나 직장인일 때 당신이 밥을 먹고, 차를 타고, 휴대폰을 사용하는 것은 그저 '소비'일 뿐이다. 누구도 비용으로 인정해주지 않는다. 하지만 가족법인은 다르다. 가족법인의 대표이사인 당신과 임원인 배우자, 직원인 자녀가 법인의 일을 하기 위해 식사하고, 차를 운행하고, 통신을 사용하면 이 모든 것이 '비용'으로 인정된다.

'소비'를 '비용'으로 전환함으로써, 과세 대상이 되는 소득을 합법적으로 줄일 수 있다. 마치 물줄기의 방향을 바꾸듯, 세금으로 흘러갈 돈의 방향을 당신과 가족의 이익으로 돌리는 것이다. 또한 가족법인은 '급여'와 '퇴직금'이라는 강력한 파이프라인을 제공한다. 배우자에게 경리나 총무 등 실질적인 업무를 맡기고 월급을 지급하라. 자녀에게도 가능한 업무를 부여해 급여를 지급하면, 소득이 분산되어 높은 세율을 적용받던 것이 가족 전체의 낮은 세율 구간으로 나뉘며 세금 총액이 마법처럼 줄어든다. 이처럼 소비를 비용으로 전환하고, 가족에게 급여를 분산 지급한 결과 B씨는 세금으로 빠져나갈 돈 중 약 1천만 원을 추가로 지켜낼 수 있었다.

마지막으로, 화룡점정은 '퇴직금'이다. 대표이사와 임원은 퇴직 시 수년간 쌓인 퇴직금을 가져갈 수 있다. 이 퇴직금은 다른 소득에 비해 세금이 거의 없다시피 한다. 지난 10년간 가족법인을 운영하며 아낀 세금으로 투자하고 마지막에는 세금이 거의 없는 거액의 퇴직금까지 받는 것, 이것이 부자들이 부를 이전하는 숨은 비밀 통로다.

3단계_ '자산의 눈덩이'를 굴려라

마지막 단계는 앞선 1, 2단계를 통해 만들어진 '여유 자금'을 폭발적으로 불리는 것이다. 바로 '자산의 눈덩이'를 굴리는 단계다.

개인 명의로 부동산이나 주식에 투자하면 양도소득이나 배당소득에 대해 높은 세율의 세금을 부담해야 한다. 그러나 가족법인 명의로 투자하면 상황이 달라진다. 낮은 법인세율이 적용되고, 대출 역시 개인보다 법인이 더 유리한 조건으로 더 큰 금액을 조달할 수 있다.

구체적인 예를 들어보겠다.

앞서 등장한 강사 B씨 사례를 보자. 1단계에서 절세한 1,500만 원과, 2단계에서 비용처리를 통해 추가로 확보한 1천만 원, 총 2,500만 원의 '눈덩이 씨앗'을 손에 쥐었다. B씨의 가족법인은 이 돈을 종잣돈 삼아 작은 상가를 하나 매입한다. 여기서 나오는 월세 수입은 고스란히 가족법인으로 들어와 낮은 법인세를 적용받는다. 몇 년 후, 상가의 가치가 오르면 상가를 팔아 더 큰 상가를 산다. 이 과정에서 발생하는 양도차익 역시 개인보다 훨씬 낮은 법인세율이 적용된다.

속으로 '2,500만 원으로 상가를 사서 얼마나 돈을 모을 수 있겠어?'라고 생각할 수 있다. 또 강사 B씨가 아끼는 돈 2,500만 원이 작아 보일 수도 있다. 그러나 이 시작은 큰 결과로 돌아온다. 연 3억을 버는 사람이 가족법인을 운영해 매년 1억 원씩 절세하면, 10년 후 그 차이는 상상 이상이다. 중요한 것은 절세한 액수의 차이가 아니다. B씨의 경우도 2,500만 원을 남길 것인가, 아니면 0원에 머물 것인가의 차이다. 정말 무섭게도, 10년은 금방 간다. 개인으로 그냥 머무른 사람과 가족법인 시스템을 갖고 있는 사람의 부의 격차는 시간이 지날수록 점점 커진다. 이것이 바로 '부의 선순환'이다.

근로소득 → (가족법인 시스템) → 절세된 자금 → 자산 투자 → 자본소득 발생 → (가족법인 시스템) → 더 큰 절세 자금 → 더 큰 자산 투자 → ······

| 3단계 가족법인 부자 모델 |

단계	핵심 개념	당신이 할 일	기대 효과
1단계	부의 그릇 만들기	가족법인 설립으로 자산을 담을 금고 구축	절세와 리스크 관리 시작
2단계	비용의 파이프라인 연결	가족에게 급여를 주고, 비용을 처리하며, 퇴직금을 쌓는 시스템 구축	세금으로 나갈 돈을 가족 이익으로 전환
3단계	자산의 눈덩이 굴리기	절세 자금으로 법인 명의 투자 확대	근로소득이 자본소득으로 전환, 부의 선순환 구조 완성

이 눈덩이는 당신이 잠자는 동안에도, 여행을 즐기는 동안에도 스스로 몸집을 불려 나간다. 더 이상 당신이 '돈을 위해' 일하는 것이 아니라, 돈이 '당신을 위해' 일하는 시스템이 완성되는 것이다.

부의 유전을 향한 출발선에 서라

가족법인은 더 이상 부자들만의 복잡한 제도가 아니다. 이것은 당신이 부자의 길로 들어서는 가장 현실적이고 과학적인 '지도'다. 이 지도를 보고도 여전히 맨손으로 땅을 파겠는가? 아니면 '가족법인'이라는 최첨단 굴착기를 타고 부의 유전을 향해 힘차게 달려나가겠는가? 선택은 결국 당신의 몫이며, 그 선택이 앞으로 10년 후 당신의 부와 삶을 결정할 것이다.

1년 차_ 설계와 설립: 구조가 80%다

첫 삽은 설계도부터: 부자의 토대 만들기

3단계 모델의 위력을 확인했는가? 당신의 심장이 조금이라도 뛰기 시작했다면, 그것은 분명 좋은 신호다. 당신 안에 잠들어 있던 '부자의 DNA'가 깨어나고 있다는 증거니까. 그러나 열정만으로는 부족하다. 위대한 건축물일수록 첫 삽을 뜨기 전 설계도가 완벽해야 한다. 첫 단추를 잘못 끼우면 결국 건물을 통째로 허물어야 하는 것처럼, 가족법인도 마찬가지다.

    이번 글에서는 '부자 시스템'을 구축하는 첫 1년의 여정을 구체적으로 안내할 것이다. 이 1년은 남은 인생을 결정할 가장 중요한 시기다. 두 눈을 똑바로 뜨고, 이 글에서 소개하는 모든 내용을 흡수하기 바란다. 이것은 단순한 지식이 아니라, 미래를 바꾸는 '실행 매뉴얼'이다. 이제부터 당신이 반드시 수행해야 할 3가지 핵심 임무를 차례대로 살펴볼 것이다.

임무 1. 당신의 '왜?'를 명확히 하라: 설계

건물을 짓기 전에 '어떤 건물을 지을 것인가?'를 결정해야 하듯, 가족법인을 세우기 전에 '왜 세우는가?'를 명확히 해야 한다.

당신은 왜 가족법인을 세우려 하는가?
- 절세: 흩어지는 세금을 막아 종잣돈을 만드는 것이 최우선 목표인가?
- 투자: 부동산이나 주식 등 본격적인 투자 발판이 필요한가?
- 승계: 자산과 사업을 효율적으로 자녀에게 물려주고 싶은가?
- 리스크 분리: 사업 위험으로부터 가족 자산을 안전하게 지키고 싶은가?

이 질문에 대한 답이 명확해야 한다. 단순히 '돈을 많이 벌고 싶다'는 막연한 생각으로는 사상누각(沙上樓閣)을 지을 뿐이다. 목적에 따라 가족법인의 주주구성, 사업 내용, 자본금 규모 등 모든 것이 달라지기 때문이다.

예를 들어 보겠다.

- '절세'와 '소득 분산'이 목적이라면 → 배우자와 성인 자녀를 주주 및 임원으로 참여시켜 급여를 주는 구조를 짜는 것이 핵심
- '부동산 투자'가 목적이라면 → 사업 목적에 '부동산 매매 및 임대업'을 명확히 넣고, 대출을 용이하게 할 수 있는 초기 자본금과 신용도 설계

지금 당장 백지를 꺼내 당신이 가족법인을 세우려는 이유를 3가지만 적어보자. 이것이 당신의 첫 번째 미션이다. 이 '왜?'가 명확해지는 순간, 가족법인은 단순한 서류 뭉치가 아니라 꿈을 실현하는 살아 있는 심장이 된다.

임무 2_ '부의 팀'을 구성하라: 설립

목적이 정해졌다면, 이제 함께할 팀을 꾸려야 한다. 가족법인의 팀은 바로 주주와 임원이다.

1) 주주구성: 누가 주인이 될 것인가?

주주는 가족법인의 '주인'이다. 법인의 이익을 배당받을 권리, 법인

의 중요한 의사결정을 할 권리를 가진다. 여기서 당신은 일생일대의 중요한 결정을 해야 한다. '이 부의 그릇을 누구와 함께 소유할 것인가?'

- 나 혼자 100%: 초기에는 의사결정이 빠르고 단순해서 좋을 수 있다. 하지만 나중에 증여세 문제에 부딪힐 수 있다.
- 배우자와 함께: 소득 분산과 증여세 절감의 첫걸음이다.
- 자녀까지 포함: 가족법인의 진정한 힘이 발휘되는 지점이다. 아직 소득이 없는 자녀에게 아주 적은 지분(예: 10%)이라도 미리 증여해두면, 10년, 20년 뒤 법인이 크게 성장했을 때 그 과실을 세금 부담 거의 없이 나눌 수 있다. 이것은 자녀에게 물고기를 잡아주는 것이 아니라, 평생 마르지 않는 '황금 어장'을 통째로 물려주는 것과 같다.

주주구성은 한번 정하면 바꾸기가 매우 어렵다. 주주를 바꾸려면 매매나 증여를 해야 하는데 세금이 매우 많이 나올 수 있다. 그래서 처음부터 10년, 20년 뒤를 내다보는 넓은 시야로 설계해야 한다.

2) 법인 설립: '부의 아바타'에게 생명을 불어넣어라

팀 구성이 끝났다면, 이제 서류상의 절차를 통해 '부의 아바타', 즉 가족법인을 탄생시킬 차례다. '아, 복잡한 서류 작업은 질색인데'라고 생각했나? 걱정할 필요 없다. 자동차를 살 때, 복잡한 엔진의 원리를 다 알 필요는 없다. 어떤 차를 원하는지만 결정하면, 전문가가 알아서 해준다. 법인 설립도 마찬가지다. 당신이 결정할 몇 가지만 기억하라.

- 상호: 가족의 꿈과 비전이 담긴 멋진 이름을 짓는다.
- 자본금: "돈이 없어서 못 한다"는 말은 거짓이다. 단돈 100만 원으로도 시작할 수 있다. 중요한 것은 금액이 아니라, '시작했다'는 사실 그 자체다.
- 사업 목적: 앞으로 가족법인을 통해 할 모든 일을 적는다. 온라인 콘텐츠 제작, 부동산 임대업, 전자상거래업, 경영 컨설팅 등. 당장 하지 않더라도 가능성이 있는 것은 모두 넣어두는 것이 좋다. 나중에 추가하려면 번거롭고 돈이 든다.

결정할 것은 이 3가지뿐이다. 나머지는 전문가의 도움을 받아 며칠 만에 등기와 사업자등록을 완료할 수 있다.

임무 3_ 초기 시스템을 완성하라: 초기 구조 완성

법인이 탄생했다면 이제 초기 운영 시스템을 구축해야 한다. 운영 규칙과 인프라를 제대로 갖추자.

| 1년 차 핵심 과업 체크리스트 |

단계	핵심 과업	액션 플랜(Action Plan)	체크
설계	목적 설정	가족법인을 세우는 이유 3가지 명확히 하기(절세, 투자, 승계 등)	☐
	주주구성	누구와 함께 법인을 소유할지 결정하기(배우자, 자녀 지분 계획)	☐
설립	기본 사항 결정	상호, 자본금, 사업 목적 정하기	☐
초기 구조	서류 절차	전문가의 도움을 받아 법인 등기 및 사업자등록 완료하기	☐
	시스템 구축	직책 배분, 법인 통장과 법인카드 발급, 급여 테이블 완성	☐

- 역할 분담: 당신은 '대표이사'가 된다. 법인을 대표하고 모든 책임을 지는 선장이다. 배우자는 '이사'나 '감사'가 될 수 있다. 자녀는 '직원'으로 참여할 수 있다. 중요한 것은 직함이 아니라, 각자의 역할에 맞는 '실제 업무'를 부여하는 것이다. 아주 작은 일이라도 좋다.
- 법인 통장과 카드 발급: 이것은 가족법인의 '공식 지갑'이다. 이제 모든 수입과 지출은 반드시 이 통장과 카드를 통해 이루어져야 한다. 개인 돈과 법인 돈을 철저히 분리하는 것, 이것이 시스템 운영의 제1원칙이다.
- 급여 테이블 작성: 누구에게 얼마의 월급을 줄 것인지 결정한다. 처음에는 많을 필요가 없다. 중요한 것은 '매달 정해진 날짜에 급여를 지급한다'는 규칙을 만드는 것이다. 이것이 앞에 말한 '소득 분산 파이프라인'의 시작이다.

1년 차 목표는 돈을 버는 것이 아니다

1년 차의 목표는 돈을 버는 것이 아니다. 이 설계와 초기 구조가 얼마나 튼튼하냐에 따라 앞으로 10년, 20년간 쌓아 올릴 부의 성(城) 규모가 결정된다. 두려워하지 말자. 당신은 혼자가 아니다. 이 책과 전문 세무사가 그 첫걸음을 함께할 것이다.

   이제 부의 시스템이 탄생했다. 다음 글에서는 이 시스템을 본격적으로 가동시키는 2~3년 차 전략을 다루겠다. 드디어, 진짜 돈의 흐름을 만들어낼 시간이다.

2~3년 차_ 자산 이전과 증여: 가문으로 돈을 옮겨라

첫걸음을 내디딘 당신에게

1년 차의 임무를 모두 완수한 당신을 진심으로 축하한다. 지금 당신은 99%의 사람들이 평생 상상만 하고 절대 실행하지 못하는 위대한 첫걸음을 내디뎠다. 당신의 손으로 직접 만든 '가족법인'이라는 강력한 부의 그릇이 이제 막 탄생했다.

하지만 최고의 명검이라도 칼집에만 있다면 무슨 소용이 있을까? 이제부터는 이 칼을 휘둘러 부를 가로막는 모든 장애물을 제거하고, 돈이 되는 모든 기회를 당신의 것으로 만들 시간이다.

2~3년 차는 가족법인이 단순한 '서류상의 회사'에서 벗어나, 실제로 돈을 벌고 자산을 증식하며 부를 대물림하는 '살아 있는 시스

템'으로 진화하는 가장 역동적인 시기다. 정신을 바짝 차리자. 지금부터 당신의 행동 하나하나가 10년 뒤, 20년 뒤 당신 가족의 운명을 결정할 것이다.

핵심 과업 1_ '부의 씨앗'을 미리 심어라: 증여 및 자산 이전

가장 먼저 해야 할 일은, 가장 똑똑한 부자들만이 비밀리에 실행하는 '시간 마법'을 부리는 것이다. 바로, 자산이 커지기 전에, 아직 가치가 작을 때, 미래의 세금 폭탄을 원천 봉쇄하는 것이다.

"아니, 김 세무사. 아직 돈도 못 벌었는데 무슨 증여란 말이야?"

이렇게 반문하는 대표님들께 나는 이렇게 말씀드린다. 100층짜리 빌딩을 통째로 옮기는 것은 불가능에 가깝다. 하지만 그 빌딩의 설계도나 이제 막 터를 닦기 시작한 땅을 옮기는 것은 훨씬 쉽다고. 자녀에게 '황금알'이 아닌, '황금알을 낳는 거위' 자체를 물려줘야 한다.

✽ 개인 자산의 법인화: 잠자던 자산을 깨워라

당신 개인 명의로 된 자산이 있는가? 이 자산에는 작은 오피스텔, 혹은 지금은 쓰지 않는 상가, 아니면 당신이 가진 특별한 기술이나 특허권 같은 무형자산까지 포함된다.

이 자산들을 가족법인 명의로 이전하라. 개인 명의로 가지고 있으면 단순히 세금(재산세, 종부세)만 내는 애물단지일 수 있지만 가족법인으로 이전되는 순간 '수익 창출 자산'으로 변신한다.

- 개인 오피스텔 → 가족법인에 매각: 법인은 이 오피스텔을 담보로 더 큰 대출을 일으킬 수 있고, 월세 수입은 법인의 수입이 된다. 감가상각을 통해 비용처리까지 가능하다.
- 개인 기술/특허 → 가족법인에 이전: 당신의 기술을 법인에 이전(양도)하고, 당신은 그 대가를 합법적으로 받을 수 있다. 이제 그 기술로 발생하는 모든 로열티 수입은 법인의 것이 된다.

개인 주머니에 있던 자산을 '가족법인' 시스템 안으로 옮기는 순간, 세금은 줄고 수익 창출 능력은 극대화된다. 2년 차에 반드시 완성해야 할 '자산 구조화'다. 자산을 한꺼번에 넘길 필요는 없다. 가능한 범위 내에서 차근차근 옮겨가면 된다. 다만, 개인 명의 자산을 옮기는 데에는 매우 전문적인 지식과 절차가 필요하므로 가족법인 세무사와 반드시 계획을 세우고 실행해야 한다.

핵심 과업 2_ '돈이 되는 파이프라인'을 구축하라: 수익화 모델

자산 구조화로 방어벽을 쳤다면, 이제 본격적으로 돈을 벌 차례다.

가족법인이 스스로 생존하고 성장할 수 있는 '수익 모델'을 만들어야 한다. "나는 월급쟁이라 사업 같은 건 못 해"라는 태도는 버리자. 지금 하고 있는 모든 일이 충분히 수익 모델이 될 수 있다.

1) 모델 1_ '나 자신'을 상품으로 만들어라: 용역/ 컨설팅 모델

당신은 회사에서 어떤 일을 하나? 마케팅, 설계, 영업 등 분야는 상관없다. 이제 당신의 전문성을 가족법인의 '상품'으로 만들자.

- 실행 방법: 전문 분야를 살려 '경영 컨설팅', '마케팅 자문' 등 사업을 가족법인 명의로 진행한다. 다니는 회사와 자문 계약을 맺거나 외부 프로젝트를 수주할 수 있다. 이제 당신의 월급 일부, 혹은 부수입은 '개인소득'이 아닌 '법인 매출'이 된다.
- 효과: 40%에 육박하던 소득세율이 10~20%대의 법인세율로 바뀐다. 법인에서 급여를 받으며 남는 이익은 법인에 유보하여 재투자의 씨앗으로 삼는다.

2) 모델 2_ '시스템'이 돈을 벌게 하라: 임대/ 플랫폼 모델

가족법인 명의로 작은 부동산(오피스텔, 상가, 지식산업센터 등)을 매입하거나, 온라인 사업(쇼핑몰, 유튜브 등)을 운영하라.

- 실행 방법: 1단계에서 아낀 세금과 이전한 자산으로 자금을 마련한 뒤, 부동산이나 플랫폼에 투자한다.

- 효과: 월세, 광고 수익, 판매 수익 등이 법인의 매출로 들어와 잠자는 동안에도 자동으로 돈이 들어오는 '수익 파이프라인'이 구축된다. 대출 이자, 관리비, 각종 수리비 등 모든 지출은 법인의 비용으로 처리되어 세금이 더 줄어든다.

3) 모델 3_ '권리'가 돈을 벌게 하라: 지식재산권 모델

당신이 책을 쓰거나, 온라인 강의를 만들거나, 상표권을 가지고 있다면 그 권리를 가족법인에 귀속시켜라.

- 실행 방법: 저작권, 상표권 등을 가족법인 명의로 등록하거나 양도한다.
- 효과: 인세, 강의료, 로열티 수입이 모두 법인 매출로 잡혀, 높은 개인 기타소득세 대신 안정적인 법인 수익으로 낮은 세율을 적용받는다.

2~3년 차는 바로 이 수익 모델 중 최소 1개 이상을 구축하고 안정적인 현금흐름을 만들어내는 시기다. 처음에는 작게 시작하자. 50만 원의 월세 수입이라도 좋다. 중요한 것은 '시스템이 작동하기 시작했다'는 사실이다. 이 단계를 성공적으로 마치는 순간, 당신은 더 이상 돈을 위해 일하는 사람이 아니다. 돈과 시스템이 당신을 위해 일하는 '시스템의 지배자', 즉 진정한 사업가이자 자산가로 거듭나는 것이다.

5년 차_가문의 완성:
배당과 퇴직금, 상속 설계의 핵심 구간

당신은 이제 설계자다

마침내, 최종 단계에 오신 것을 환영한다. 여기까지 온 당신은, 더 이상 평범한 월급쟁이나 자영업자가 아니다. 돈의 흐름을 통제하고, 시스템을 창조하며, 부의 지도를 그리는 '설계자'다.

지난 4년간 닦아온 길은 가족법인을 단순한 회사가 아닌 '돈이 스스로 일하는 자동 수익 엔진'으로 만들었다. 이제 5년 차, 당신은 이 엔진의 힘을 만끽하고, 인생의 가장 중요한 프로젝트를 시작해야 한다.

그 프로젝트는 바로 '완벽한 경제적 자유를 위한 7년 카운트다운'이다.

"7년 뒤에 퇴직하라고? 이제 겨우 회사가 자리 잡았는데?"

여기서 말하는 '퇴직'은 일을 그만두고 무기력하게 늙어가는 것이 아니다. 당신이 '돈을 위해 일하는 삶'을 졸업하고, 시스템이 벌어다 주는 돈을 관리하며 진정한 인생을 즐기는 '자산가의 삶'으로 승격하는 것을 의미한다.

이는 꿈이 아니다. 지난 4년간 만든 시스템을 활용한, 지극히 현실적이고 계산된 '엑시트(Exit) 플랜'이다. 이제 당신의 인생을 바꿀 마지막 3가지 임무를 시작하겠다.

최종 임무 1_ '부의 과실'을 매년 수확하라: 배당 시스템의 완성

7년 뒤 위대한 퇴직을 준비하기 전에 '승리의 맛'을 봐야 한다. 당신과 가족이 흘린 땀의 결실을 매년 눈으로 확인하고 피부로 느껴야 지치지 않고 마지막 목표까지 달려갈 수 있다.

가장 확실한 방법은 바로 '배당'이다.

이제 가족법인은 안정적인 이익을 내고 있을 것이다. 5년 차부터는 매년 결산 후 주주총회를 열어 가족 모두에게 이익을 분배하는 '배당의 축제'를 규칙적으로 만들어라.

∗ **핵심 전략: '2천만 원 분리과세'를 가족의 연례행사로 만들어라!**

주주 1인당 연간 2천만 원까지의 배당금은 15.4%의 낮은 세율로 분리과세된다. 이것을 최대한 활용하라.

- 당신(주주 1): 배당금 2천만 원(가족 해외여행 자금)
- 배우자(주주 2): 배당금 2천만 원(개인 투자금 및 비상금)
- 성인 자녀(주주 3): 배당금 2천만 원(자기계발 및 종잣돈)

단순히 6천만 원을 나누는 행위가 아니다. 이것은 가족 모두가 '우리는 이 회사의 주인이다'라는 사실을 매년 확인하는 신성한 의식이다. 또한, 법인에 쌓여만 가는 이익잉여금을 가장 현명하게 개인 자산으로 옮기는 최고의 기술이다. 물론 5년 전이라도 이익이 많이 난다면 배당을 받을 수 있다. 다만 배당을 받을지 투자를 할지는 선택해야 할 것이다.

최종 임무 2_ '7년 후 자유'를 설계하라: 퇴직 플랜 가동

이제 이 글의 심장부다. 당신의 인생을 바꿀 '7년 퇴직 플랜'을 가동할 시간이다. 이 플랜의 핵심 무기는 대한민국 세법이 성실한 경영자에게 허락한 최후이자 최고의 절세 카드, 바로 '퇴직금'이다.

월급, 상여금, 배당금보다 압도적인 세금 혜택이 퇴직금에 숨어 있다. 당신은 지난 5년간 이 퇴직금을 수령할 자격을 차곡차곡 쌓아왔다. 이제부터 7년 후, 즉 법인 설립 12년 차가 되는 해에 이 권리를 행사하여 수억 원의 자금을 세금 거의 없이 손에 쥐게 되는 것이다.

* '7년 자유 플랜' 실행 3단계

- D-Day 설정(5년 차, 바로 지금): 달력에 7년 뒤 날짜를 '경제적 독립 기념일'로 표시하라. 목표가 명확해야 계획이 구체화된다.
- 퇴직금 재원 축적(5~11년 차): 앞으로 7년간, 당신은 가족법인의 대표이사로서 받아야 할 급여와 상여금 규정을 명확히 하고, 퇴직금 지급 규정을 정관에 명시해야 한다. 이것은 미래에 당신이 받을 거액의 퇴직금이 '근거 없는 돈'이 아니라, '정당한 규정에 따른 대가'임을 증명하는 가장 중요한 작업이다. 이 기간 동안 법인은 꾸준히 수익을 내고, 당신의 퇴직금을 지급할 충분한 현금을 쌓아두어야 한다.
- 실행(12년 차): 마침내 약속의 해가 왔다. 당신은 대표이사직을 '퇴직'한다(물론, 회사를 떠나는 것이 아니라, 아들에게 대표를 물려주고 당신은 '회장'이나 '고문'으로 남을 수 있다). 그리고 규정에 따라 수년간 쌓인 거액의 퇴직금을 수령한다. 이 돈은 지난 12년간 회사를 이끌어온 보상이자, 남은 인생을 완벽한 자유인으로 살아가게 할 '자유의 종잣돈'이다.

예를 들어, 당신이 12년간 가족법인을 운영하며 마지막 3년간 평균 연봉이 1억 원이었다고 가정해보자. 당신의 퇴직금은 수억 원에 달할 수 있다. 만약 이 돈을 급여나 상여로 받았다면 절반 가까이 세금으로 사라졌겠지만, 퇴직소득으로 받으면 공제 항목이 워낙 많아 실효세율은 10% 안팎, 혹은 그보다 훨씬 낮을 수도 있다.

이걸 모르는 사람은 12년간 일하고 세금으로 절반을 빼앗기지만, 아는 사람은 12년간 시스템을 만들고 마지막에 세금 거의 없는 거액의 목돈으로 자유를 사는 것이다. 7년의 퇴직금을 쌓아두는 방법으로 여러 가지 금융상품을 활용할 수도 있다.

최종 임무 3_ '영원한 부의 지도'를 완성하라: 상속 구조 마무리

당신의 퇴직이 가족법인의 끝이 되어서는 안 된다. 그것은 당신 가문(家門)의 새로운 시작이 되어야 한다. 당신이 이룬 부와 시스템이 자녀와 손주에게 분쟁 없이 안전하게 전달되도록 '부의 지도'를 최종적으로 완성해야 한다. 상속 설계를 통해 가족의 부와 자산을 안정적으로 이어주는 구조를 만들고, 세대 간 부의 이전을 계획하자.

연차별 운영:
체크리스트와 관리 매뉴얼

손에 잡히는 '작전 지도'를 가지고 싸워라

지금까지 당신은 왜 가족법인을 세워야 하는지, 그 엄청난 위력이 어디서 나오는지 똑똑히 확인했다. 머릿속은 이제 새로운 가능성에 대한 기대로 뜨겁게 달아올랐을 것이다.

하지만 진짜 전쟁은 지금부터다.

수많은 사람들이 똑같은 교육을 받고, 똑같은 책을 읽는다. 그런데 왜 누구는 부자가 되고, 누구는 여전히 제자리에 머물러 있을까? 답은 간단하다. '실행'과 '관리'의 차이 때문이다. 승리하는 장군은 머릿속에만 있는 전략이 아니라, 손에 잡히는 '작전 지도'를 가지고 싸운다.

이번 글에서는 수많은 성공한 가족법인을 컨설팅하며 완성한 '5개년 운영 시나리오'와 '핵심 관리 템플릿'을 통째로 소개할 것이다. 이는 단순한 참고 자료가 아니라 실제로 현장에서 검증된 로드맵이다. 누군가는 수십 년 시행착오 끝에야 알 수 있었던 경험과 전략을, 당신은 단 몇 장의 페이지를 통해 얻게 될 것이다.

이 지도는 앞으로 5년간 당신이 무엇을, 언제, 어떻게 해야 하는지 정확하게 알려주는 내비게이션이다. 다른 생각은 모두 버리고, 이 지도만을 믿고 따라가자. 그러면 길을 잃고 싶어도 길을 잃을 수 없게 될 것이다.

연차별 운영 시나리오: 5년을 지배하는 계획

가족법인 설립 후 5년은, 남은 인생을 결정할 가장 중요한 시기다. 이 시기를 어떻게 보내느냐에 따라 법인은 하늘로 솟구치는 로켓이 될 수도, 창고에서 먼지만 쌓이는 고철 덩어리가 될 수도 있다. 각 연차별 핵심 목표는 명확하다.

1) 1년 차_ 설계와 구축의 해
- 목표: '부의 그릇'을 만들고, 이 그릇을 운영할 기본 규칙과 시스템을 세운다.
- 핵심 과업: 법인 설립, 주주 및 임원 구성, 사업 목적 확정, 법인

통장 및 카드 개설, 급여 및 비용처리의 기본 원칙을 수립한다.
- 비유: 100층 빌딩을 짓기 위해 완벽한 설계도를 그리고 튼튼한 기초를 다지는 단계. 작은 실수도 전체를 무너뜨릴 수 있음을 명심한다.

2) 2~3년 차_ 수익 창출과 자산 이전의 해

- 목표: 법인이 스스로 돈을 벌 수 있는 '수익 모델'을 최소 1개 이상 구축하고, 개인의 자산을 법인으로 옮겨오는 '자산 구조화'를 실행한다.
- 핵심 과업: 전문성을 활용한 컨설팅 매출 발생, 부동산·주식 등 법인 명의 투자 시작, 개인 자산(부동산, 특허권 등)의 법인 이전, 자녀를 채권자로 만드는 자금 대여를 실행한다.
- 비유: 튼튼한 기초 위에 건물의 뼈대를 올리고, 전기와 수도관(수익 파이프라인)을 연결하는 단계. 비로소 건물이 살아 움직이기 시작한다.

3) 4~5년 차_ 수확과 영속 준비의 해

- 목표: 그동안 쌓인 이익을 가족과 함께 수확(배당)하고, 예상치 못한 리스크에 대비한 '방패(보험)'를 설치하며, 다음 세대로의 '승계 구조'를 완성한다.
- 핵심 과업: 이익잉여금을 활용한 배당 실시, 대표이사 유고에 대비한 금융상품 가입, 퇴직금 플랜 구체화, 상속 및 증여 계획

을 최종 점검한다.
- 비유: 완성된 건물을 화려하게 인테리어하고, 화재나 지진에 대비한 최고급 보안·소방 시스템을 설치하며, 상속 계획을 명시한다(이 건물을 누구에게 어떻게 물려줄지 명시한 '유언장'을 작성하는 단계).

절대 실패하지 않는 '가족법인 관리 템플릿'

이제부터 다음 표를 책상 앞에 붙여놓고 매년, 매 분기마다 체크한다. '종합 관리 템플릿'인 이것은 가족법인의 '종합 건강검진표'다.

| 가족법인 종합 관리 템플릿 |

구분	핵심 목표	필수 액션플랜	관리해야 할 서류	전문 세무사 조언
1년 차	시스템 구축	□ 법인 설립 등기 및 사업자등록 □ 주주명부 및 정관 확정 □ 법인 통장/카드/인감 제작 □ 급여대장 및 비용처리 원칙 수립	• 법인 등기부등본 • 정관 • 주주명부 • 법인 인감증명서	첫 단추가 모든 것을 결정한다. 조급해하지 말고, 기본에 가장 많은 시간을 투자하라.
2~3년 차	수익 실현	□ 수익 모델 1개 이상 실행(매출 발생) □ 개인 자산의 법인 이전 계약 □ 자녀 명의 자금 대여 계약 □ 4대 보험 및 세무 기장 관리	• (매출) 계약서 • 자산 양수도 계약서 • 금전소비대차 계약서 • 재무상태표/ 손익계산서	이제 당신의 법인은 진짜 돈을 벌어야 한다. 단돈 10만 원의 매출이라도 좋다. '0'을 '1'로 만드는 경험이 중요하다.
4~년 차	성장 및 승계	□ 주주총회를 통한 배당 결의 및 실행 □ CEO 플랜 보험 가입 및 설계 □ 임원 퇴직금 지급 규정 정비 □ 상속/ 증여 계획 구체화	• 주주총회 의사록 • 보험 증권 및 약관 • 개정된 정관 • 재산 목록 및 평가서	벌어놓은 돈을 지키고 이전하는 것이, 버는 것보다 100배는 더 중요하다. 부는 '지키는 자'에게만 머무른다.

자신만의 운영 노트를 실행하라

이제 이 템플릿을 복사해서 자신만의 '운영 노트'를 만들자. 그리고 매년 연말, 이 표를 보며 가족과 함께 점검 회의를 하자. "올해 우리는 이만큼 해냈고, 내년에는 저것을 해야 한다"라고 기록하고 점검하는 과정 자체가 최고의 경영 공부가 된다. 이 한 장의 표가 단순한 계획표가 아니라, 부를 쌓고 지키는 전략적 지도가 되며, 실행할 때마다 가족 모두가 하나의 목표로 결속되는 강력한 팀빌딩(Team Building) 도구가 된다.

길을 잃지 않고 꾸준히 실행하다 보면, 단순히 계획을 지키는 것을 넘어, 누구도 흔들 수 없는 부의 시스템과 풍요로운 미래를 만들어낼 수 있다. 이제 남은 것은 단 한 가지, 행동이다. 이 노트를 믿고 따라가라. 그러면 5년간의 여정이 단순한 시간이 아니라, 당신과 가족의 삶을 완전히 바꾸는 전략적 여정이 될 것이다.

• TIP •

가족법인 실전 Q&A 20선

자, 여기까지 도달한 당신을 진심으로 존경한다. 당신은 이제 단순한 지식을 넘어, 부를 창조하는 '시스템'의 비밀을 손에 쥐었다. 하지만 머릿속에는 아직 몇 가지 의심과 현실적인 질문들이 남아 있을 것이다.

- "정말 나 같은 사람도 할 수 있을까?"
- "자녀를 주주로 넣는 게 괜찮은 걸까?"
- "세무나 회계가 너무 복잡하면 어떻게 하지?"
- "법인을 세우면 세무조사를 더 받는 건 아닐까?"

이 질문들은 당연한 것이다. 바로 그 마지막 불안감을 완전히 해소하기 위해 내가 지난 수년간 수천 명의 사람들을 컨설팅하며 실제로 가장 많이 받았던, 가장 현실적이고 날카로운 질문 20가지를 모았다.

이 Q&A는 앞으로 10년간 당신이 겪을 수 있는 모든 문제에 대한 명쾌한 답변서다. 여기 소개한 질문과 답을 모두 숙지하고 실행에 옮기는 순간, 당신은 더 이상 망설이는 '예비 창업가'가 아니라 모든 준비를 마친 '프로 실행가'가 될 것이다.

◊ 설립 전, 마지막 의심을 부수는 Q&A

① 적은 돈으로도 시작할 수 있다

Q1. 돈이 별로 없는 평범한 직장인이다. 자본금이 얼마나 있어야 시작할 수 있나?

A1. 바로 그 생각이 당신을 평생 직장인으로 살게 만드는 '가난의 마인드셋'이다. 자본금 100만 원, 아니 10만 원으로도 시작할 수 있다. 중요한 것은 돈의 액수가 아니라, '내 인생의 주인이 되겠다'는 결심 그 자체다. 가족법인은 돈으로 세우는 것이 아니라, 비전과 용기로 세우는 것이다.

② 사업 아이템이 없어도 괜찮다

Q2. 특별한 사업 아이템이 없다. 도대체 무슨 사업을 한다고 법인을 세우나?

A2. 훌륭한 질문이다. 당신은 '사업'을 해야 한다는 고정관념에 갇혀 있다. 가족법인의 본질은 '사업'이 아니라 '관리'다. 당신의 소득, 당신의 자산, 당신의 투자를 관리하는 '시스템'을 만드는 것이다. 처음에는 '스마트 스토어', '온라인 콘텐츠 제작'처럼 당신의 직무와 관련된 것을 넣어두라. 당신 자신이 바로 최고의 사업 아이템이다.

③ 세무·회계 지식이 없어도 된다

Q3. 왠지 복잡하고 어려울 것 같다. 세무나 회계를 전혀 모르는데?

A3. 당신이 직접 운전한다고 해서 자동차 엔진을 조립할 수 있어야 하는 건 아니다. 당신은 그저 핸들을 잡고 액셀을 밟으면 된다. 세무와 회계는 전문가, 즉 '정비사'에게 맡기면 된다. 당신의 역할은 '결정'을 내리는 것이다. 어디로 갈지, 얼마나 빨리 갈지를 말이다.

④ 세무조사 두려워하지 말라

Q4. 가족법인을 세우면 오히려 세무조사를 더 받는 것 아닌가?

A4. 운전을 하면 교통사고 날까 봐 평생 걷겠다는 것과 같다. 세무조사는 '잘못하는 기업'이 받는 것이지, '법인'이라서 받는 것이 아니다. 오히려 모든 거래를 투명하게 기록하는 가족법인은 개인보다 훨씬 더 안전하다. 법과 원칙대로만 한다면, 세무조사는 당신의 성실함을 증명해줄 기회가 된다.

⑤ 절세와 탈세는 구분하라

Q5. 이거 합법적인가? 왠지 탈세하는 것 같아 마음이 불편하다.

A5. 명확히 선을 긋겠다. '절세'는 합법이고 지혜이며, '탈세'는 불법이고 범죄다. 우리는 세법이라는 지도에 나와 있는 '가장 빠른 길'을 찾아가는 것이지, 담을 넘거나 길을 파괴하는 것이 아니다. 국가가 허락한 법의 테두리 안에서 당신의 권리를 최대한 누리는 것, 스마트한 납세자의 모습이다.

◊ 설립 및 초기 운영, 실전 행동 Q&A

⑥ 한 살 아이도 주주로 가능하다

Q6. 한 살짜리 제 아이를 주주로 만드는 것, 정말 괜찮은 건가? 법적으로나 현실적으로 너무 이른 것 같아 불안하다.

A6. 바로 그 질문을 던진 당신은, 이미 평범한 사람의 사고방식을 넘어 '부의 본질'을 꿰뚫어 볼 준비가 되었다는 뜻이다. 부자들은 한 살이라는 '나이'를 보는 것이 아

니라, '시간'의 가치를 본다. 한 살 아이를 주주로 만드는 것은, 20년 뒤를 내다본 '신의 한 수'가 될 수 있다. 왜일까? 세법의 칼날은 오직 '가치'에만 반응하기 때문이다.

이제 막 설립해서 아무런 자산도, 이익도 없는 당신의 가족법인. 그 회사의 주식 가치는 얼마일까? 거의 '0'에 가깝다. 세법의 칼날이 베어낼 살점 자체가 없는 상태다. 법인의 주식 가치가 거의 0일 때 증여하면 증여세 부담이 거의 없다. 부모가 '법정대리인'으로 계약서를 작성하고 주주명부를 처리한다.

이제 20년 뒤를 상상해보자. 현명한 부모는 20년 전, 한 살배기 아이에게 넘겨준 '가치 없던 종이'가 이제는 수억 원짜리 '보물 지도'가 된 것을 확인한다. 당신의 자녀는 이미 오래전부터 이 회사의 주인이었기에, 추가적인 세금 부담 없이 그 모든 성장의 과실을 누리게 된다.

⑦ 가족을 반드시 참여시켜라

Q7. 아내와 자녀를 주주나 임원으로 넣고 싶은데, 실제로 일을 해야만 하나?

A7. '무늬만 임원'은 절대 안 된다. 하지만 '일'의 범위를 넓게 생각해보자. 자료 정리, 시장 조사, 영수증 관리, 간단한 SNS 운영 등 가족 구성원이 기여할 수 있는 일은 무궁무진하다. 가족을 당신의 사업에 '참여'시키자. 그것이 진정한 가족법인의 시작이다.

⑧ 사무실을 확보하라

Q8. 사무실이 꼭 있어야 하나? 집 주소로 해도 되는지?

A8. 사무실은 있는 것이 좋다. 그리고 주소만 빌려주는 '비상주 오피스'는 무조건 피하라. 가족법인이 그저 서류상으로만 존재하는 유령 회사가 아니라, 명확한 실체를 가진 사업체라는 것을 스스로와 세상에 증명해야 한다. 주소만 덩그러니 빌려 쓰는 순간, 당신의 법인은 뿌리 없는 나무와 같아진다.

가장 좋은 대안은 작더라도 당신의 사업을 위한 명확한 '공간'을 확보하는 것이다. 월세가 저렴한 지하 사무실이나 책상 하나짜리 공유 오피스라도 좋다. 그곳에서 당신의 사업 계획을 세우고, 가족과 회의하라. 그 공간이 바로 당신 부의 '심장부'가 될 것이다. 만약 그것이 정 어렵다면, 차라리 당신의 '집'을 사업장으로 하라. "집으로 하면 없어 보이지 않나요?"라고 생각했나? 천만의 말씀. 적어도 그것은 '실체가 있는 공간'이며, 당신의 사업이 당신의 삶과 연결되어 있다는 정직한 증거가 되어준다. 비상주 오피스의 가짜 주소보다, 당신의 땀과 생활이 묻어 있는 집 주소가 10배는 더 진실되다.

⑨ 법인카드 사용 규칙을 세워라

Q9. 법인카드는 어디까지 써도 되나?

A9. 황금률을 기억하라. "이 지출이 우리 법인의 사업 목적 달성과 관련이 있는가?" 이 질문에 "예"라고 답할 수 있다면 사용해도 된다. 직원과의 식사, 거래처 접대, 업무용 차량 주유, 사무용품 구입 등. 하지만 가족과의 저녁 식사, 개인적인 쇼핑은 안 된다. 공과 사를 구분하는 것이 시스템을 지키는 첫걸음이다.

⑩ 월급은 전략적으로 지급하라

Q10. 월급은 얼마로 책정해야 하나?

A10. 처음에는 많이 받을 필요가 없다. 오히려 4대 보험료 부담만 커진다. 아예 전략적으로 급여를 받지 않을 수 있다. 법인에 이익이 쌓일 때까지 최저임금 수준이나 그 이하로 책정해도 괜찮다. 중요한 것은 '급여대장'을 만들고, '정해진 날짜'에 지급하는 규칙을 만드는 것이다.

◇ **성장 및 자산화, 핵심 전략 Q&A**

⑪ 법인 자금 활용 3단계

Q11. 법인에 돈이 쌓였는데, 어떻게 꺼내 써야 가장 유리한가?

A11. 3가지 파이프라인을 기억하라. 1순위는 '급여', 2순위는 '배당', 3순위는 '퇴직금'이다. 가족의 소득 수준, 법인의 이익 규모에 따라 이 3가지 카드를 적절히 조합하는 것이 핵심이다. 이것이 바로 전문가가 필요한 영역이다.

⑫ 법인 명의 부동산 투자

Q12. 법인 명의로 부동산을 사면 정말 좋은가?

A12. 개인으로 사는 것보다 '100배'는 유리하다고 단언한다. 취득세 중과 배제, 종합부동산세 합산 배제, 양도 시 낮은 법인세율 적용, 대출 한도 증가 등 그 혜택은 일일이 나열하기 벅찰 정도다. 당신이 부동산 투자를 생각한다면, 가족법인은 선택이 아닌 '필수'다.

⑬ 자녀에게 주식 증여 타이밍

Q13. 자녀에게 미리 주식을 증여하는 게 좋다고 들었다. 언제, 얼마나 줘야 하나?

A13. 법인 설립 직후, 즉 법인의 가치가 '0'에 가까울 때가 황금 타이밍이다. 이때 증여세 비과세 한도(10년간 5천만 원) 내에서 자녀에게 지분을 넘겨주라. 이것은 자녀에게 용돈을 주는 것이 아니라, 미래에 수십억의 가치가 될 '부의 씨앗' 그 자체를 심어주는 행위다.

⑭ 초기 적자는 전략적 선택

Q14. 적자가 나면 어떻게 하나? 망하는 것인가?

A14. 오히려 초기 적자는 '전략'이 될 수 있다. 법인의 적자(결손금)는 향후 15년간 이월된다. 즉, 올해 1천만 원 적자가 나면, 나중에 1천만 원의 이익이 생겨도 세금을 내지 않는다. 초기에 투자를 집중해 전략적으로 적자를 만들고, 나중에 발생할 이익과 상계하는 아주 영리한 방식이다.

⑮ 세무사는 투자로 생각하라

Q15. 꼭 세무사를 써야 하나? 혼자 할 수는 없나?

A15. 물론 혼자 할 수 있다. 하지만 당신이 직접 하려는 그 시간에, 당신은 당신의 전문 분야에서 훨씬 더 큰돈을 벌 수 있다. 세무사 비용을 '비용'으로 생각하지 마라. 그것은 당신의 시간을 아끼고, 더 큰 실수를 막아주며, 당신이 놓치고 있는 절세 혜택까지 찾아주는 '투자'다.

◊ 성숙 및 출구전략, 최종 완성 Q&A

⑯ 배당 시작 시기

Q16. 배당은 언제부터 하는 게 좋은가?

A16. 법인에 이익잉여금이 충분히 쌓이고 안정적인 현금흐름이 만들어졌을 때 시작하는 것이 좋다. 보통 3~4년 차 이후를 추천한다. 배당은 가족 모두에게 '우리가 이만큼 성장했다'는 가장 확실한 증거이자 보상이다.

⑰ 장기 퇴직금 활용

Q17. 7년, 10년 후 퇴직금 수령, 정말 효과가 있나?

A17. 이것은 가족법인의 '화룡점정'이다. 수억 원의 자금을 거의 세금 없이 합법적으로 가져올 수 있는, 국가가 허락한 유일무이한 방법이다. 10년 이상 장기적인 계획을 가지고 꾸준히 준비한 사람만이 이 달콤한 과실을 맛볼 수 있다.

⑱ 폐업보다 매각·휴업을 고려

Q18. 법인을 운영하다가 그만두고 싶으면 어떡하나? 폐업은 복잡한가?

A18. 폐업은 생각보다 복잡하지 않다. 그런데 남은 재산을 정리할 때 많은 세금을 낼 수 있다. 그래서 우리는 '폐업'을 생각하는 것이 아니라, '매각'이나 '휴업'을 생각해야 한다. 잘 키운 법인은 그 자체로 비싸게 팔 수 있는 '상품'이 된다.

⑲ 가족 간 다툼 방지

Q19. 가족끼리 돈 문제로 싸우게 될까 봐 걱정된다. 괜찮을까?

A19. 그렇기 때문에 '규칙'과 '시스템'이 필요한 것이다. 모든 것을 주먹구구식으로 처리할 때 다툼이 생긴다. 정관, 주주총회 의사록, 급여 규정 등 명확한 규칙을 통해 모든 것을 결정하라. 시스템이 감정을 지배하게 만들어야 한다.

⑳ 가장 중요한 행동

Q20. 가족법인 성공을 위해 딱 한 가지만 조언한다면?

A20. "지금 당장 시작하십시오."

이 책을 덮고 72시간 안에 법인 설립을 위한 단 하나의 행동이라도 하지 않는다면, 당신은 평생 시작하지 못할 것이다. 완벽한 계획은 없다. 행동이 계획을 완벽하게 만들 뿐이다. 상호 정하기, 전문가 연락 등 당신의 인생을 바꿀 결심을 바로 지금 이 순간에 시작하라. 계획보다 행동이 변화를 만든다

세무사와 하는 가족법인 정기 점검 리스트 7

가족법인을 운영하면서 흔히 놓치는 부분은 '운영 중 변화'다. 매년 세무사와 만나 증여·배당·퇴직금 계획이 여전히 적절한지 확인하자. 단순 서류 점검이 아니라, 앞으로 1년간 예상되는 투자·수익과 가족 변화를 함께 검토하는 것이 핵심이다.

① 법인 수익·손익 현황 점검: 올해 법인 수익과 손익 계산서 확인/ 결손금 이월액 활용 여부 점검/ 세금 납부 예정액 검토

② 배당 계획 검토: 배당금 규모 및 지급 시기 최적화/ 주주별 배당 비율 확인/ 소득세·법인세 부담 분석

③ 증여 및 자산 이전 점검: 올해 증여 계획과 세액 계산/ 자산 이전 시점·방법 최적화/ 증여세 신고 누락 여부 확인

④ 퇴직금 및 급여 계획 점검: 임원·가족 구성원 급여 및 퇴직금 적정성/ 예상 퇴직금 부담과 세무효과 확인/ 필요 시 인사·급여 조정

⑤ 세법·규제 변경 점검: 최근 법인세·증여세·소득세 변경 사항 확인/ 정책 변경에 따른 전략 수정 여부 검토

⑥ 장기 전략 점검: 5~10년 가족법인 운영 계획과 현 전략 비교/ 목표 대비 현 자산·투자 흐름 점검/ 리스크 요인 파악·대응 전략 마련

⑦ 서류·기록 관리 확인: 회계·세무 기록 적정성 확인/ 증빙 서류 누락 여부 점검/ 필요 시 보완 자료 요청

6장

평생 볼 수 없는 부자들의 마지막 기술

증여와 상속의 판을 바꾸는 가족법인 전략

가족법인이 부동산을 가지면
절세가 달라진다

부동산, 당신의 돈을 갉아먹는 '세금 하마'

당신에게 아주 불편한 진실 하나를 공개하겠다. 당신이 땀 흘려 산 그 오피스텔, 그 상가가 사실은 당신의 돈을 조용히, 그리고 합법적으로 빨아먹는 '세금 하마'라는 사실을 알고 있는가?

대부분의 사람들은 부동산을 사면 부자가 될 것이라고 착각한다. 천만의 말씀! 그것은 절반만 맞는 이야기다. '개인'의 이름으로 부동산을 소유하는 순간, 당신은 국가의 가장 확실한 세금 수입원이 되는 '자발적 노예'의 길을 걷기 시작하는 것이다.

믿기지 않는가? 다음 항목을 살펴보자.

- 부동산을 살 때, 국가는 '취득세'를 떼어간다.
- 월세를 받으면 '종합소득세'와 함께 추가 '건강보험료'를 부과한다.
- 부동산을 팔아 차익을 얻으면, 그 절반 가까이를 '양도소득세'라는 이름으로 가져간다.

이것이 현실이다. 당신은 끊임없이 세금의 공격에 노출되어 있고, 자산은 매년 조용히 녹아내리고 있다.

그런데 만약 이 모든 세금 공격을 막아낼 수 있는 '무적의 방패'가 있다면 어떨까? 세금의 파도를 막는 방파제를 넘어, 그 파도의 힘으로 전기를 만드는 발전소를 세울 수 있다면 말이다. 그 방패와 발전소의 이름이 바로 '가족법인'이다.

지금부터, 왜 진정한 자산가들은 절대 개인 명의로 부동산을 사지 않는지, 그들이 활용하는 가족법인 시스템이 얼마나 압도적인 절세 효과를 만들어내는지 낱낱이 파헤쳐보겠다.

방패 1. 소득세 폭탄을 해체하고, 건강보험료의 족쇄를 끊어내라

직장인이나 개인사업자가 개인 명의로 월세 받는 순간, 두 개의 거대한 폭탄을 떠안게 된다. 바로 '종합소득세'와 '건강보험료'다.

- 월세는 기존 근로소득이나 사업소득에 그대로 합산된다. 소득이 1억인데 월세로 3천만 원을 더 벌었다면, 당신의 소득세율은 높은 구간이 적용돼 3천만 원의 상당 부분을 세금으로(약 40%) 토해내야 한다.
- 일정 소득을 넘으면, 이미 내고 있는 건강보험료 외에 월세 소득에 대한 건보료까지 '추가로' 부담해야 한다. 이것이 진짜 재앙이다. 추가 건보료는 당신의 수익을 야금야금 갉아먹는 가장 무서운 복병이다.

하지만 가족법인은 이 두 개의 폭탄을 단숨에 무력화한다.

- 개인 명의: 월세 수입 → 기존 소득과 합산되어 높은 세율의 종합소득세 적용 + 건강보험료 추가 폭탄
- 가족법인: 월세 수입 → 법인의 수입으로 잡혀 낮은 세율의 법인세(10~20%) 적용 + 대표이사의 급여 조정을 통한 건강보험료 완벽 통제

예를 들어보겠다.

연봉 1억 원인 직장인 A씨가 개인 명의로 오피스텔을 사서 연 4천만 원의 월세를 받는다면, 그 소득은 합산되어 35%가 넘는 높은 소득세율이 적용되고, 매달 수십만 원의 건강보험료를 납부해야 한다.

반면 가족법인을 세워 오피스텔을 산 B씨는 연 4천만 원의 월세 수입이 법인에 귀속되어 10% 또는 20%의 낮은 법인세만 부담한다. B씨가 대표이사로 등재되더라도 급여를 낮게 책정하거나 아예 받지 않으면, 건강보험료는 오직 이 '낮은 급여'를 기준으로 산정된다. 즉, A씨와 같은 건보료 폭탄은 애초에 발생하지 않는다. 이것이 바로 시스템의 힘이다.

방패 2_ 최대 50%의 양도소득세를 10%대로 막아라

당신이 10억 원에 산 상가가 20억이 되었다고 가정해보자. 개인 명의라면 국가는 양도차익 10억 원 중 3억~4억 원을 양도소득세라는 이름으로 가져간다. 당신이 땀 흘려 얻은 이익의 상당 부분을 세금으로 빼앗기는 것이다. 부자들이 가장 꺼리는 최악의 시나리오다.

하지만 가족법인이 이 상가를 팔았다면 어떻게 될까? 법인은 양도소득세를 내지 않는다. 대신, 양도차익을 법인의 다른 소득과 합산하여 법인세를 낸다. 법인세율은 얼마일까? 이익 2억 원까지는 10%, 그 이상이라도 20% 수준이다(소규모 성실신고대상 법인의 경우에는 2억 미만이더라도 20%가 적용된다).

| 개인 vs. 가족법인: 부동산 보유 비교 |

구분	개인(세금의 노예)	가족법인(세금의 주인)
보유 시	• 월세 수입 → 높은 종합소득세율 • 추가 건강보험료 폭탄	• 월세 수입 → 낮은 법인세율 • 급여 조정으로 4대 보험 통제 • 이자, 감가상각비 등 비용처리 가능
처분 시	• 양도차익 최대 45% 과세	• 양도차익에 대해 10~20%대의 낮은 법인세[4]
결과	세금 내고 나면 남는 게 없는 허탈함	절세한 돈으로 자산 재투자, 부의 선순환

- 개인 명의: 양도차익 10억 원 → 양도소득세 약 3억 ~ 4억 원
- 가족법인 명의: 양도차익 10억 원 → 법인세 약 2억 원 미만

결과가 보이나? 똑같은 부동산을 팔았는데, 누구는 3억을 내고 누구는 2억만 낸다. 이 1억 원에서 2억 원의 차이가 바로 '시스템'의 유무에서 발생하는 것이다. 이 돈이면, 당신은 새로운 부동산에 또 투자할 수 있다. 매년 아낀 임대료에 대한 세금과 4대 보험료, 양도소득세 차이, 이러한 부의 격차는 이렇게 기하급수적으로 벌어지는 것이다. 바로 이 차이가 자산을 불리는 '부의 선순환'을 가능하게 한다.

---

4) 토지 양도의 경우 추가 10%가산, 주택의 경우 추가 20% 가산

세금은 비용이 아니라, 시스템으로 통제하는 것

부동산은 잘못 다루면 '세금 하마'가 되지만, 올바른 시스템으로 다루면 '현금 창출 기계'가 된다. 개인 명의로 사는 순간 당신은 국가의 충실한 세금 납부자가 되지만, 가족법인이라는 방패를 들면 세금은 더 이상 적이 아니라 '통제 가능한 비용'이 된다. 바로 이것이 부자들이 결코 개인 이름으로 부동산을 사지 않는 이유이자, 당신이 반드시 지금 알아야 할 마지막 기술의 출발점이다.

이제 가족법인이 가진 힘을 활용해, 단순한 절세를 넘어 상속·증여의 게임까지 바꾸는 전략으로 나아가야 한다.

가수금 플랜:
법인에 돈 넣고 빼는 세금 제로 기술

위험한 습관, 치명적인 시한폭탄

당신의 가족법인에 당장 돈이 필요하다면 어떻게 하겠나? 사업을 하다 보면 운영자금이 급하거나 놓칠 수 없는 투자 기회가 눈앞에 나타나기도 한다. 이때 99%의 사람들은 아무 생각 없이 이렇게 행동한다.

"그냥 내 개인 통장에서 법인 통장으로 송금하지 뭐."

바로 이 순간, 당신은 당신의 법인 재무제표 속에 '가수금'이라는 이름의 시한폭탄을 설치한 것이다. '가수금'이란, 대표이사인 당신이 법인에 빌려준 '임시 자금'을 뜻한다. 당장 급한 불을 끄기엔 편하고 쉬워 보이지만, 방치되는 순간 엄청난 리스크로 변한다. 나는 지난 수년간 이 가수금이라는 늪에 빠져, 평생 일군 회사를 위기에 빠뜨리고 상속세 폭탄을 맞아 피눈물을 흘리는 대표들을 너무나도 많이 봐왔다.

하지만 진정한 고수는 독(毒)을 약(藥)으로 쓴다. 지금부터 이 위험천만한 가수금을 역으로 활용하여, 개인 자금을 세금 없이 법인에 투입하고, 다시 세금 없이 회수하며, 심지어 그 과정에서 법인세까지 줄이는 '가수금 플랜'을 공개하겠다.

이것은 양날의 검이다. 정확히 이해하고 사용하면 최강의 무기가 되지만, 어설프게 따라 하면 당신을 베어버릴 것이다. "세무사가 해준다니까 괜찮겠지"라는 안일한 생각으로 접근한다면 시작하지 않는 편이 낫다. 반드시 가족법인 전문 세무사의 설계가 필요하다.

핵심 전략은 '빚'을 지렛대로 '세금'을 파괴하기

'가수금 플랜'의 본질은 단순하다.

"개인과 법인 간의 돈의 흐름을 주먹구구식 송금이 아니라, 금융거래처럼 설계하라."

이 원칙만 지키면, 돈은 세금 없이 들어갔다가 세금 없이 나온다.

1) 1단계_ '차용증'이라는 방패를 들어라

법인에 돈을 넣을 때, 절대 그냥 송금해서는 안 된다. 반드시 당신(채권자)과 가족법인(채무자) 간의 '금전소비대차 계약서(차용증)'를 작성해야 한다. 이 종이 한 장이, 당신의 돈이 '주인 없는 굴러다니는 돈'이 아니라, '법인이 반드시 갚아야 할 명확한 채무'임을 증명하는 법적인 방패가 된다.

2) 2단계_ '이자'라는 창으로 법인세를 공격하라

이 단계가 바로 아마추어와 프로가 갈리는 지점이다. 법인은 원칙적으로 대표이사(당신)에게 돈을 빌린 만큼 이자(연 4.6%)를 지급해야 한다. 이때 지급하는 이자는 법인의 '비용'으로 처리되어, 그만큼 법인세가 줄어든다. 이것이 가수금 플랜의 가장 강력한 무기다.

여기서 고수들은 한 걸음 더 나아간다. 약 21억 7천만 원까지는 법인이 주주(대표)에게 무이자로 빌려도 세법상 문제 되지 않는 '마법의 구간'이 존재한다. 하지만 주의해야 한다.

"그럼 무조건 무이자로 빌려주면 되겠네?"

이렇게 단순하게 접근하면, 당신은 절벽을 향해 달려가는 것과 같다. 무이자 플랜은 상속세 리스크를 키우는 치명적 함정을 품고 있기 때문이다.

3) 3단계_ '원금 상환'이라는 통로로 세금 없이 탈출하라

몇 년 후 법인이 수익을 내 현금이 쌓이면, 법인은 당신에게 빌렸던 '원금'을 갚는다. 이 돈은 당신의 소득이 아니다. 원래 당신의 돈이었던 '빌려준 돈'을 돌려받는 것이므로 여기에는 소득세, 증여세 등 어떤 세금도 붙지 않는다.

만약 당신이 이 돈을 '상여금'으로 가져왔다면, 소득세율 40% 이상을 적용받아 절반 가까이를 세금으로 빼앗겼을 것이다. 하지만 '가수금 상환'이라는 통로를 이용하면, 세금 한 푼 없이 당신의 주머니로 돈이 안전하게 돌아온다. 이것이 바로 가수금 플랜의 하이라이트다.

'무이자 플랜의 저주'와 '상속세 폭탄'을 주의하라

이 강력한 플랜이 '양날의 검'이라고 불리는 이유가 있다. 바로 이 가수금을 제대로 관리하지 않으면, 특히 '무이자'라는 달콤한 유혹을 잘못 삼켰을 때, 그 대가는 혹독하기 때문이다.

예를 들어, 당신이 법인에 10억 원의 가수금을 남겨둔 채 갑자기 사망했다고 가정해보자. 세무 당국은 이렇게 판단한다.

"고인(故人)은 법인에 10억 원을 빌려주었으니, 그 10억 원은 고인의 상속재산이다."

즉, 고인이 법인에게 돌려받을 '채권'을 가지고 있었고, 이 채권도 고인의 '상속재산'이라는 판단이다. 결과적으로, 당신의 자녀들은 아직 돌려받지도 못한 장부상의 10억 원에 대해 수억 원의 상속를 떠안아야 한다. 특히 무이자 가수금은 "실제로는 갚을 의사가 없는 증여였다"는 세무당국의 공격 논리에 취약해진다. 그 순간, 절세 전략은 독이 되어 되돌아온다.

모든 가수금 전략에는 미묘한 변수와 해석 차이가 존재한다. 책에서는 큰 틀의 원칙만 다뤘으니, 실제 실행에 앞서 반드시 전문가와 시뮬레이션을 해보기 바란다.

가족법인은 최고의 상속 도구다: 증여보다 안전하게

상속의 덫: 세금과 분쟁의 이중고

당신 인생의 마지막 성적표가 '세금 납부 영수증' 한 장으로 끝난다면 어떻게 될까? 평생을 바쳐 쌓아 올린 부의 성(城)이, 당신이 눈을 감는 순간 와르르 무너져 내린다면 말이다. 아파트, 상가, 주식, 예금…… 당신이 피땀 흘려 모은 이 모든 것이 자녀에게 온전히 전해지지 못하고 절반은 '상속세'라는 이름으로 국가에 흡수되고, 남은 절반마저 형제 간의 분쟁으로 갈라진다면, 이보다 더 큰 비극이 있을까?

이는 아무런 준비 없이 상속을 맞이하는 99%의 사람들이 겪는, 지극히 현실적인 '시나리오'다. 그리고 앞서 누누이 말했듯, 이 재앙을 막을 수 있는 유일한 해법이 바로 '가족법인'이라는 시스템을 활용하는 것이다.

핵심 전략은 '자산'이 아닌 '시스템의 지배권'을 상속하는 것

당신이 자녀에게 물려줘야 할 것은 아파트 등기부등본이 아니라, 그 모든 자산을 담고 있는 '가족법인이라는 시스템의 지배권', 즉 '주식(지분)'이다.

가족법인을 통해 상속하면,

- 주식 가치 평가를 통해 세금을 통제할 수 있고,
- 주식 분할을 통해 분쟁을 원천 차단할 수 있다.

하지만 여기서 마지막 관문이 있다. 바로 상속세를 낼 현금을 어떻게 마련할 것인가의 문제다.

상속세의 진짜 문제: 현금이 없다

혹시 상속세 낼 현금이 없다면 보험은 있는가?

"잠깐, 김 세무사 님. 여기서 왜 갑자기 보험 이야기가 나옵니까?"

지난 수년간 많은 대표님들을 만나며 들었던 질문이다. 그리고 솔직히 고백하자면, 나 역시 세무사가 되기 전에는 다른 대표님들과 똑같이 생각했다. '보험'이라는 단어만 들어도 알레르기 반응을 보였다. 그러나 수많은 상속 현장에서 나는 똑같은 장면을 목격했다.

아버지를 잃은 슬픔에 잠긴 유가족들이 무거운 서류뭉치를 들고 상속세 신고를 의뢰하러 오면, 나는 가장 먼저, 그러나 가장 안타까운 마음으로 이렇게 묻는다.

"현금이 없으시다면, 혹시 고인께서 남겨주신 사망보험금 같은 게 있습니까?"

그 순간 돌아오는 대답은 대부분 같다. 대부분의 상속인들은 깊은 한숨과 함께 이런 푸념을 쏟아낸다.

"없습니다. 보험 하나도 안 들어놓고 가셨어요."

보험은 살아 있을 때는 매달 돈만 나가는 귀찮은 비용처럼 보인다. 하지만 상속세 앞에서는 그것이야말로 유가족이 가장 원망하는, '없어서 후회하는 마지막 안전장치'가 된다. 현금이나 보험이 없다면 결국 부동산을 급히 팔아야 하거나, 연부연납으로 10년 이상 담보를 잡히고 월세를 꼬박꼬박 국가에 갖다 바쳐야 하는 것이 냉정한 현실이다.

소비하는 보험 vs. 부를 지키는 보험

소비하는 보험과 부를 지키는 보험은 완전히 다르다. 대부분의 사람들이 아는 보험은 매달 돈만 빠져나가는 '소비성 보험'일 뿐이다. 그러나 자산가의 세계에서 보험은 완전히 다른 존재다. 그것은 상속이라는 마지막 전쟁에서 가문을 지켜내는 최후의 전략 무기이자, 가장 확실한 현금 창출 시스템이다.

상속세는 반드시 현금으로 납부해야 한다. 만약 자녀가 50억 원짜리 건물을 상속받더라도, 당장 수억 원의 현금이 없다면 그 건물을 지킬 수 없다. 이때 미리 준비해둔 '가족법인의 보험'이 마법처럼 작동한다.

당신의 유고 시, 거액의 사망보험금은 상속인의 개인 통장이 아닌 가족법인으로 들어온다. 법인은 이 현금을 활용해 상속세 때문에 곤란해진 자녀의 주식을 매입하거나(자사주 매입), 배당을 통해 합법적으로 현금을 지원할 수 있다.

즉, 당신이 매달 법인의 '비용'으로 납입해온 그 보험료는, 결정적인 순간에 자녀의 상속세를 해결하는 '구원 자금'이 된다. 이는 당신이 설계한 시스템이, 당신이 세상을 떠난 뒤에도 자녀를 지켜주는 가장 완벽한 안전장치임을 보여준다. 참고로 이러한 구조는 가족법인을 통한 방식뿐 아니라 개인 명의로도 설계할 수 있음을 기억하자.

보험 설계, 반드시 전문가의 손에서

만약 내 이야기를 듣고 당신의 마음이 약간이라도 움직였다면, 그래서 이 '전략 무기'를 검토해보고 싶다는 생각이 들었다면, 절대로 동네의 보험설계사나 재무설계사를 찾아가 "가족법인 보험 좀 알려주세요"라고 말하지 마라. 그들은 무기를 파는 법은 알지만 전쟁에서 이기는 법은 모른다. 상속세에 대한 전문 지식이 부족하기 때문이다.

'상속을 위한 법인 보험'은 단순히 금융상품 하나를 가입한다고 완성되지 않는다. 그것은 가족법인의 전체 구조, 세법, 상속·증여세법의 흐름을 꿰뚫고 있는 전문 세무사의 설계와 감독 아래서만 제대로 작동할 수 있다. 실제로 사망보험금을 수령하는 순간, 어떻게 상속세를 처리하고 자산을 분배할지까지 구체적으로 관리받아야 비로소 완벽한 안전장치가 된다.

경험 없는 설계사가 권유하는 보험은 오히려 또 다른 리스크를 만들 수 있다. 잘못 설계된 보험은 안전장치가 아니라, 가족에게 오히려 치명적인 짐이 될 수 있는 '재정적 자살행위'임을 명심해야 한다.

종신보험은
'죽어서'가 아니라 '살아서' 써야 한다

종신보험, 복어 요리와 같다

혹시 뉴스에서 이런 기사를 본 적 있는가? 한 기업 회장이 사망하면서 유가족에게 사망보험금 200억 원이 지급되었다는 이야기다. 그렇다면, 좀 더 끔찍한 이야기는 어떨까? 보험금을 노리고 벌어진 비정한 범죄 사건들이다.

이 상반된 두 사례의 중심에는 같은 주인공이 있다. 바로 종신보험이다. 종신보험은 누군가에게는 한 줄기 빛과 같은 구원이 되고, 누군가에게는 파멸을 부르는 씨앗이 된다.

그렇다. 종신보험은 독(毒)이 든 복어와 같다. 제대로 손질해 요리하면 세상에 둘도 없는 진미(珍味)가 되지만, 어설픈 칼질 한 번에 온 가족을 파멸로 몰아넣을 수 있는 맹독이 된다. 그래서 많은 사람들은 이 독이 무서워 아예 손을 대지 않거나, 준비 없이 삼키려다 탈이 나고 만다. "종신보험은 사기야", "돈만 버리는 짓이야"라고 말하는 이들이 바로 그 피해자들이다.

이 글에서는 복어의 독을 완벽하게 제거하고 가장 안전하고 황홀한 맛을 내는 비법을 전수하려 한다. 사망보험금에 상속세가 단 한 푼도 나오지 않게 만드는, 오직 가족법인 세무 전문가만이 알고 있는 극비의 레시피를 말이다.

당신이 떠난 뒤 제국은 어떻게 되는가

이 비법을 설명하기 전에 먼저 한 가지 질문을 하겠다.

만약 대표인 당신이 내일 아침 눈을 뜨지 못한다면, 당신이 평생을 바쳐 이룩한 이 가족법인은 어떻게 될까?

'내 자식들이 알아서 잘하겠지'라는 안일한 생각은 당신 제국을 불태울 가장 위험한 착각이다. 그 앞에는 '상속세'라는 이름의 저승사자가 시퍼런 칼날을 들고 서 있을 것이기 때문이다.

대한민국에서 100억 원의 재산을 남기면, 자녀는 약 50억 원을 '현금'으로, 그것도 단 6개월 안에 세금으로 납부해야 한다. 현금이 없다면 선택지는 하나뿐이다. 당신의 피와 땀이 서린 회사 주식을 헐값에 팔아 치우거나, 평생을 모아 장만한 부동산을 급매로 던져

버리는 것. 그렇게 제국은 스스로 무너져 내린다.

복어 요리를 준비하지 않은 모든 대표들의 공통된 운명이다.

'복어 요리 비법': 법인 계약 종신보험

이제 맹독을 제거하는 비법을 공개한다. 그 비법의 이름은 '법인 계약 종신보험'이다. 핵심은 간단하다. 계약자가 개인이 아니라 가족법인이 되는 것이다.

| 개인 계약 vs. 법인 계약: 상속 결과 비교 |

구분	계약자 (돈 내는 사람)	피보험자 (보험 대상)	수익자 (돈 받는 사람)	결과
어설픈 요리사 (독을 삼키는 길)	대표 개인	대표 개인	자녀	사망보험금=상속재산 →상속세 폭탄!
마스터 셰프 (진미를 맛보는 길)	가족법인	대표 개인	가족법인	사망보험금 ≠ 상속재산 →상속세 제로!

3단계 조리법

1) 1단계_ 재료 손질: 법인이 대표를 위해 보험료를 납부한다

가족법인이 계약자가 되어 대표를 피보험자로 하는 종신보험에 가입한다. 매달 내는 보험료는 법인의 비용으로 처리(손금산입)되므로, 법인세 절감 효과까지 덤으로 얻을 수 있다. 대표 개인 돈은 단한 푼도 들어가지 않는다.

2) 2단계_독 제거: 대표 유고 시, 법인이 수십억의 사망보험금을 수령한다

대표가 사망하면, 약속된 거액의 사망보험금이 상속재산이 아닌 법인 자산으로 들어온다. 따라서 상속세는 단 한 푼도 붙지 않는다. 이것이 핵심이다! 마치 복어의 독주머니를 완벽하게 도려내는 과정과 같다.

3) 3단계_ 최고의 요리: 법인에 들어온 현금으로 상속세를 해결한다

이제 법인에는 상속세와 무관한 거액의 깨끗한 현금이 생겼다. 자녀들(상속인)은 이 돈을 활용해 상속세를 납부하면 된다. 대표 사망으로 인해 발생한 '사망 퇴직금'을 자녀들에게 지급하거나, 자녀 보유 주식을 법인이 사는 '자사주 매입' 또는 '감자(減資)' 등을 통해 합법적으로 자녀에게 현금을 지원할 수 있다.

결과적으로, 제국은 무너지지 않는다

이 과정을 거치면, 자녀는 상속세를 모두 납부하면서도 단 한 주의 주식이나 단 한 평의 부동산도 팔지 않고 회사를 그대로 이어받을 수 있다. 이것이 바로 부자들이 종신보험이라는 '복어'를 요리하는 방법이다. 단순한 보험이 아니라, 세대를 이어 부를 안전하게 이전하는 정교한 시스템인 것이다.

복어 요리를 누구에게 맡기겠는가

이제 당신은 복어 요리를 누구에게 맡기겠는가? 이토록 위험하고도 강력한 복어 요리를 아무에게나 맡길 수 있을까? 흔한 동네 식당 주방장에게 가족의 목숨을 걸 수는 없다. 오직 복어 조리사 자격증을 가진, 수많은 경험으로 칼날을 단련한 전문가만이 이 요리를 제대로 할 수 있다.

이 설계는 가족법인의 구조와 세법, 상법을 꿰뚫고 있는 '가족법인 전문 세무사'만이 다룰 수 있는 영역이다. 어설프게 따라 했다가는 세무조사라는 더 큰 독에 중독될 수 있다. 당신이 떠난 뒤, 가족이 세금 때문에 피눈물을 흘리게 할 것인가, 아니면 세금 걱정 없는 최고의 만찬을 선물할 것인가?

부동산 팔지 마라:
주식으로 바꿔야 이긴다

부동산은 자산이 아니라 족쇄다

당신의 재산 목록 1호, 그 자랑스러운 부동산이 실은 당신의 발목을 잡고 부의 흐름을 막는 거대한 '족쇄'임을 아는가? 팔면 양도세 폭탄, 물려주면 상속세 폭탄. 팔지도 못하고 물려주지도 못하는 진퇴양난의 감옥이다.

이 족쇄를 푸는 유일한 열쇠가 바로 현물출자를 통한 법인전환이다. 개인 명의 부동산을 가족법인에 출자함으로써, 새로운 성을 쌓고, 자산을 통제 가능한 '주식'으로 바꾸는 것이다.

물론 쉽지 않다. 분명 비용이 들고, 시간도 걸리는 고된 과정이다. 법무사 비용, 감정평가 비용, 취득세…… 신경 쓸 것도 많고,

주머니에서 나가는 돈도 만만치 않다. 그래서 많은 대표들이 '비용과 어려움'이라는 첫 번째 허들 앞에서 주저앉고 포기한다.

하지만 현명한 자산가들은 왜 기꺼이 이 과정을 감수할까? 단순히 부동산의 명의를 바꾸는 차원의 이야기가 아니기 때문이다. 부동산이라는 '움직이지 않는 돌덩이'를 마음대로 쪼개고 넘겨줄 수 있는 '살아 있는 황금(주식)'으로 바꾸는 현대판 연금술이 바로 여기에 있다.

핵심은 단 하나, '부동산의 주식화(株式化)'. 이것만이 진정한 부를 다음 세대로 안전하고 현명하게 넘길 수 있는 유일한 방법이다.

'돌덩이'를 '황금'으로 바꾸는 연금술

50억짜리 빌딩을 가지고 있다고 상상해보자. 이 빌딩을 아들딸에게 물려주려면 어떻게 해야 할까? 빌딩을 칼로 자를 수 있을까? 1층은 아들에게, 2층은 딸에게? 구분 등기? 공동명의? 그 어느 것도 실제로 해보면 쉽지 않다. 구분 등기로 실제 상속세나 증여세 절감 효과는 거의 없으며, 지분 분쟁 리스크만 확대될 뿐이다. 매각이나 운영 시에 비효율성이 커지고 임대차 관리도 일관된 전략을 쓰기 힘들다. 공동명의 또한 매각 시 제약이 되며, 임대와 관리에서도 갈등 요소가 되는 등 더 큰 족쇄가 될 뿐이다.

그러나 '현물출자'라는 연금술을 통해 빌딩을 자본금 50억 원의 가족법인으로 전환하면 상황이 완전히 달라진다. 이제 당신의 손에는 50억 원짜리 빌딩 대신, 가치 50억 원의 주식 100%가 있다. 이 차이가 하늘과 땅의 차이다.

- 빌딩은 쪼갤 수 없지만, 주식은 1주 단위로 얼마든지 쪼갤 수 있다.
- 빌딩은 관리하기 까다롭지만, 주식은 가치 조정과 관리가 가능하다.

10년 계획으로 완성하는 '황금 나누어주기' 방법

이제 중요한 단계다. 이 연금술은 단번에 끝나는 마법이 아니다. 10년을 내다보는 치밀한 '장기 계획'이다. 부동산을 황금(주식)으로 바꿨다면, 이제 그것을 가장 현명하게 나누어주는 계획을 세워야 한다. 여기서부터가 전문가의 영역이다.

1) 1단계_ 황금의 가치를 관리하라: 주식 가치 관리

개인 명의 부동산은 시간이 흐르면 가치가 오르는 것을 속수무책으로 바라봐야 했다. 하지만 이제 우리는 법인의 '주식 가치'를 관리할 수 있다. 법인에 각종 비용을 발생시키고, 투자를 하고, 급여를 지급하는 등 다양한 활동을 통해 주식 가치가 급격하게 상승하는 것을 억제하고 조절한다.

2) 2단계_ 황금을 조금씩 나누어주어라: 장기 분할 증여

이제 이 관리된 주식을 자녀들에게 조금씩 나누어주는 작업을 시작한다. '부동산의 주식화'가 가진 가장 강력한 힘이다. 쪼갤 수 없는 빌딩 대신 쪼갤 수 있는 주식을 10년에 걸쳐 비과세 한도 내에서 증여하거나, 낮은 세율의 증여세를 부담하며 지분을 넘긴다.

3) 3단계_ 완벽한 승계를 완성하라

이러한 장기 계획을 10년, 20년 동안 꾸준히 실행하면 어떻게 될까? 당신의 자녀들은 어느새 가족법인의 상당한 지분을 보유한 주주가 되어 있을 것이다. 훗날 당신에게 상속이 개시되더라도, 이미 대부분의 지분이 이전되었기에 상속세 부담은 거의 제로에 가까워진다.

비용은 고통이 아니라 '투자'다

'현물출자'라는 과정의 비용과 고통은 사실상 수십억 세금 폭탄을 피하기 위해 치르는 가장 값싼 대가다. 물론 법무사 비용, 감정평가 비용, 취득세 등 당장은 뼈아픈 지출처럼 느껴진다. 하지만 그 비용은 단순한 소모가 아니다. 세금을 줄이는 보험료이자, 완벽한 승계로 들어가는 입장권이라고 할 수 있다.

이제 당신 앞에는 두 갈래 길이 놓여 있다. 하나는 눈앞의 작은 비용을 아끼다가 훗날 상속세·양도세라는 세금 폭탄을 고스란히 끌어안고 가족과 회사를 위기에 빠뜨리는 길이고, 다른 하나는 지금의 비용을 감수하고 그 대가로 10년 뒤, 세금 부담 없는 완벽한 승계를 이뤄내는 '부동산의 주식화'라는 위대한 첫발을 내딛는 길이다.

선택은 지금 당신에게 달려 있다. 이 길은 그 누구도 대신 선택해줄 수 없다. 눈앞의 작은 고통을 감수할 것인가, 아니면 훗날 거대한 재앙을 떠안을 것인가. 바로 지금, 결단의 순간이다.

절세만 하지 마라: 통제권까지 확보하라

절세만 하면, 왕국은 무너진다

이제 당신은 아마 이렇게 생각할지도 모른다.

"좋아, 이제 세금 없이 자녀에게 지분을 넘기는 방법은 알았다!"

하지만 세금만 줄이고 통제권을 놓치면, 당신이 만든 제국은 하루아침에 무너진다.

보물창고 열쇠를 자녀에게 통째로 넘겼는데, 아들이 회사를 팔아치우면? 혹은, 열쇠를 나눠 가진 자식들끼리 서로 진짜 주인이라며 피 터지게 지분 싸움을 하느라 왕국 전체가 마비된다면? 혹은 이혼으로 사위나 며느리가 주주로 들어온다면?

그때 당신은 그저 자녀들을 위한 '현금지급기' 역할을 하다 끝나는, 힘없는 늙은 왕이 되어버린다. 진정한 고수는 재산권은 넘겨주되, 통제권은 절대 놓지 않는다.

이제부터는 '절세'라는 1차원적인 논의를 넘어, 당신의 제국을 영원히 당신의 의도대로 움직이게 할 '통제권 확보 시스템'을 만드는 법에 대해 이야기할 것이다.

제국이 무너지는 3가지 시나리오

당신이 통제권 시스템 없이, 오직 절세에만 목을 매 자녀에게 지분 60%를 넘겨주었다고 가정해보자. 당신은 여전히 40%를 가진 최대주주지만, 이제 회사의 주인은 당신이 아니다. 어떤 끔찍한 일들이 벌어질 수 있을까?

1) 시나리오 1_ 아들이 회사를 팔아 치운다: 창업주의 눈물이 된 주주총회

당신은 평생을 바쳐 일군 회사를 100년 기업으로 키우고 싶다. 이 회사는 당신의 피와 땀이자, 가족의 역사이기도 하다. 하지만 지분 60%를 가진 아들의 생각은 전혀 다르다.

어느 날, 사모펀드가 찾아와 유혹한다.

"당신 몫을 팔면, 두둑한 현금을 챙겨드리겠습니다. 그 돈이면 평생 편하게 살 수 있습니다."

아들은 깊은 고민도 없이 결정을 내린다. 회사의 미래보다 당장

의 현금이 더 달콤해 보였던 것이다. 결국 그는 주주총회에서 당신의 반대에도 불구하고 회사를 팔아버린다. 그날, 당신은 주주총회장에서 눈물을 흘리며 외친다.

"이 회사는 내 인생이야. 제발 팔지 마라!"

하지만 이미 의결권은 아들에게 넘어갔다. 당신은 단지 40% 지분을 가진 소수 주주일 뿐, 아무 힘도 없다. 그리고, 믿을 수 없는 현실이 찾아온다. 당신은 평생의 작품이었던 회사에서 쫓겨나는 신세가 되고 만다.

2) 시나리오 2_ 자녀 간의 경영권 분쟁: 남매의 전쟁터가 된 회사

아들과 딸에게 지분을 30%씩 나누어주었다고 가정해보자. 겉으로 보기에는 균형 잡힌 분배처럼 보일 수 있다. 하지만 현실은 다르다. 둘이 손을 잡으면 당신을 대표 자리에서 몰아낼 수도 있다.

문제는 여기서 그치지 않는다. 사소한 의견 차이가 곧바로 감정 싸움으로 번진다. 서로가 "내가 진짜 주인이다"라며 맞서게 되면, 회사의 이익은 뒷전으로 밀려난다. 더 심각해지면 회삿돈을 빼돌려 상대를 압박하거나, 언론과 주변 인맥을 동원해 폭로전을 벌이기도 한다.

이런 상황에서 회사가 제대로 굴러갈 리 없다. 새로운 투자 유치는 불가능해지고, 인재는 회사를 떠나며, 내부는 끝없는 권력 다툼으로 얼룩진다. 결국 회사는 성장은커녕 남매 간의 전쟁터가 되어 서서히 침몰하고 만다.

3) 시나리오 3_ 사위와 며느리의 개입: 피 한 방울 섞이지 않은 이방인의 경영 간섭

당신은 딸에게 애정을 담아 회사 지분을 증여했다. '가족이니까, 믿을 수 있으니까……' 그렇게 생각했기 때문이다. 그런데 불행이 닥쳤다. 딸이 이혼 소송에 휘말린 것이다. 이혼 과정에서 사위는 재산분할을 요구하며 법원에 서류를 제출한다.

"아내 명의로 된 지분의 절반은 내 권리다. 법적으로 돌려달라."

법정은 냉정하다. 결국 판결문에 찍힌 도장은, 당신의 가족법인에 피 한 방울 섞이지 않은 사위를 새로운 주주로 불러들이고 만다. 이제 상황은 악몽처럼 흘러간다. 회사 이사회에 앉은 사위는 당당하게 발언한다.

"이 경영 방침은 비효율적입니다. 제 의견을 반영해야 합니다."

순식간에 가문의 피와 땀으로 세운 기업에 이방인이 들어와 목소리를 내고, 의결권을 행사하며, 심지어 경영에 간섭하기 시작한다. 당신의 가문이 피로 세운 요새에 적군이 들어온 셈이다. 이 끔찍한 사태의 원인은 단 하나였다. 바로, '통제권 시스템'을 미리 만들어두지 않았다는 것이다.

왕의 옥새, '정관(定款)'을 장악하라

"김 세무사님, 그럼 어떻게 해야 통제권을 지킬 수 있습니까?"

비밀은 바로 정관(定款)에 있다. 정관은 제국의 헌법이자, 왕의 옥새다. 여기에 어떤 조항을 넣느냐에 따라 당신은 지분을 넘겨주고도 막강한 통제권을 행사하는 '상왕'으로 군림할 수 있다. 지금 당장 당신 회사의 정관을 열고, 다음 3가지 조항이 있는지 확인하자. 없다면 지금 즉시 추가해야 한다.

- 주식 양도 제한 규정: 이사회 승인 없이는 주식 양도 불가
- 종류주식 발행 규정: 자녀에게는 배당우선주, 본인은 의결권 있는 보통주
- 이사 선임 및 해임 특별결의 규정: 일례로 '총 주식 80% 이상 찬성'으로 제한

이 3가지만 갖추어도 당신은 자녀에게 지분을 증여하면서도 경영 통제권을 영원히 유지할 수 있다.

위대한 창업자로 기억될 것인가

이제 결단의 시간이 다가왔다. 당신은 평생 피와 땀으로 기업을 세

우고 키웠다. 그러나 역사는 냉정하다. 통제권을 준비하지 않은 창업자는 세금 폭탄과 분쟁 속에서 회사를 무너뜨린 '불안한 부자'로 기억될 뿐이다. 반대로, 재산권과 통제권을 완벽히 분리하고, 상속세의 파도를 뛰어넘는 시스템을 구축한 창업자는 다르다. 10년, 50년, 100년이 지나도 그 철학과 유산은 자손들의 혈관 속에서 살아 움직인다. 후대는 그를 단순한 '부자'가 아닌, 제국을 세우고 지켜낸 위대한 창업자로 기억한다.

선택은 오직 당신에게 달려 있다. 눈앞의 안일함에 안주해 가문의 역사를 스스로 무너뜨릴 것인지, 아니면 지금 이 순간 결단하여 영원히 살아남는 가문의 시스템을 완성할 것인지.

최상위 자산가가 선택한 절세 구조 Top3

지금부터 내가 극비리에 관리하는 최상위 1% 클라이언트들의 비밀을 공개하겠다. 이것은 인터넷에 떠도는 뻔한 절세 팁이 아니다. 수년간 수많은 자산가들을 컨설팅하며, 그들의 제국을 지키기 위해 설계하고 실행해온 '살아 있는 시스템'이다.

이 3가지 구조는 각각 독립적으로도 강력하지만, 모두가 하나의 시스템으로 작동할 때, 당신의 가족법인은 그 어떤 세금 폭탄에도 흔들리지 않는 '난공불락의 요새'가 된다. 이것은 단순히 세금을 줄이는 기술이 아니다. 부를 만들고, 지키고, 대를 이어 이전하는 '부의 연금술'이다.

① Top 1_ 부(富)의 시스템 구축: '맞춤형(Bespoke) 가족법인'
가장 먼저, 모든 부의 축적과 이전의 기초가 되는 '그릇'을 만드는 작업이다. 대부분의 대표들은 기성복처럼 만들어진 회사에 자신의 몸을 욱여넣고 불편하게 살아간다. 하지만 진정한 부자들은 시작부터 다르다.

- 기성복을 입은 대표: 법무사가 만들어준 똑같은 정관으로 회사를 설립하고 매달 2천만 원씩, 연봉 2억 4천만 원을 월급으로 받아간다. 그는 회사에서 가장 성실한 '세금 납부자'일 뿐, 회사는 그를 위해 존재하지 않는다.
- 맞춤 정장을 입은 지배자: 전문가를 통해 자산, 가족 구성원, 미래 계획까지 모든

것을 반영한 '비스코스(맞춤형) 가족법인'을 제작한다. 단순한 회사가 아니라, 부를 관리하고 성장시키는 종합 시스템이다.
- 효율적인 현금흐름 관리: 급여는 4대 보험 부담이 최소화되는 수준으로 책정하고 생활비는 '배당'으로 수령한다. 법인 내 모든 급여·배당·투자·비용을 종합적으로 관리하여 법인과 개인의 부가 함께 효율적으로 쌓이는 구조를 만든다.

단순한 회사가 아니라 당신의 부를 위한 '맞춤 시스템'을 설계하고, 그 시스템을 통해 '종합적인 관리'를 시작하라. 이것이 단순한 대표를 넘어, 당신만의 금융 제국을 다스리는 지배자가 되는 첫걸음이다.

② Top 2_ 상속 리스크 제거: '자본거래'
두 번째는 가족법인 전문 세무사의 심장부라고 할 수 있다.

- 대비 없는 대표: 100억 원짜리 회사를 남기고 눈을 감는다. 자녀들은 50억 원에 달하는 상속세 고지서를 받고, 결국 회사를 헐값에 팔아 세금을 낸다.
- 자본거래를 설계한 지배자: 자신의 사망을 가족법인 재무구조를 바꾸는 '실행 신호(Trigger)'로 설계한다. 사망 순간 특정 금융 계약을 통해 수십억 원의 현금이 법인으로 유입되고, 법인은 이 자금을 기반으로 자기주식 취득, 유상감자 등 자본거래를 실행하여 상속세를 합법적으로 해결한다.

이는 보험만으로는 불가능한, 재무 설계와 자본거래의 정교한 결합이 필요한 영역이다.

③ Top 3_ 부동산을 주식으로 바꾸는 '현물출자'

마지막은 가장 큰 자산이자 골칫거리인 부동산을, 대를 이어 물려줄 수 있는 황금알로 바꾸는 구조다.

- 부동산에 갇힌 대표: 50억 원짜리 빌딩을 개인 명의로 소유하고 있다. 팔자니 양도세, 물려주자니 상속세, 결국 부동산이라는 감옥에 갇힌 죄수일 뿐이다.
- 황금을 만드는 연금술사: 과감히 현물출자 법인전환을 실행한다. 50억 원짜리 빌딩은 가족법인 소유가 되고, 대표는 대신 법인 '주식 100%'를 보유한다.
- 유연한 자산 관리: 쪼갤 수 없는 건물이 언제든 분할 가능한 황금 주식으로 변한다. 이제 부동산이 아니라 대를 이어 관리·분할·승계할 수 있는 자산이 된다.

◊ 위대한 창업자로 기억될 선택

이 3가지 구조가 바로 내 클라이언트들이 부를 지키고 늘려나가는 방식의 핵심이다.

- '비스코스 가족법인'이라는 완벽한 시스템을 만들고
- 자본거래로 상속 리스크를 제거하며
- 현물출자로 자산 승계의 길을 닦는 것

이제 선택은 대표 자신에게 달려 있다. 오늘의 결정이, 당신의 이름과 제국을 세상에 각인시킬 것이다.

부록

책을 덮기 전에 반드시 확인할 것들

#부록 1
우리 집도 가족법인을 할 수 있을까? — 실전 체크리스트 9

대표님, 가족법인은 아무나 가질 수 있는 평범한 도구가 아닙니다. 아무나 가질 수 있다면 그것은 더 이상 특권이 아닙니다. 가족법인은 자신의 부를 지키고, 대를 이어 제국을 건설하려는 '왕의 자격'을 갖춘 자만이 손에 쥘 수 있는 검(劍)과도 같습니다.

지금부터 제가 묻는 9가지 질문에 답해보십시오. 달콤한 희망이 아닌, 냉철한 현실 인식으로 스스로를 진단하십시오. 하나라도 거짓으로 답한다면, 당신은 성을 쌓기도 전에 모래 위에서 길을 잃게 될 것입니다.

Part 1_ 재무적 기초: 성벽은 튼튼한가?

☐ 1. 현재 사업에서 매년 1억 원 이상의 순이익이 꾸준히 발생하고 있는가?

: 가족법인은 이익이 나지 않으면 의미가 없는 '비용 덩어리'일 뿐입니다. 안정적인 이익은 성을 쌓기 위한 최소한의 벽돌입니다.

☐ 2. 양도세나 상속세가 걱정되는 10억 원 이상의 부동산(주택, 상가, 토지 등)을 개인 명의로 보유하고 있는가?

: 지켜야 할 자산이 없다면 성을 쌓을 이유도 없습니다. 세금이라는 적군이 노릴 만한 명확한 목표물이 있어야 합니다.

☐ 3. 향후 3~5년 안에 자녀에게 사업체를 물려주거나, 현금흐름을 만들어줄 계획이 있는가?

: 가족법인은 단거리 경주가 아닌 마라톤입니다. 명확한 목표와 시간 계획 없이 시작하는 것은 표류하는 배와 같습니다.

Part 2_ 리더의 마인드: 왕의 자질을 갖추었는가?

☐ 4. 단순히 세금 몇 푼 아끼는 것을 넘어, 100년 이상 지속될 '가문(家門)의 시스템'을 만들고 싶은가?

: 눈앞의 절세에만 급급한 사람은 소작농일 뿐입니다. 왕은 100년 뒤의 영토를 생각합니다.

☐ 5. 자녀에게 재산을 물려주더라도, 회사의 주요 의사결정권(통제권)은 절대 놓지 않을 각오가 되어 있는가?

: 자비로운 부모가 아니라, 냉철한 지배자가 될 준비가 되었습니까? 재산은 주되, 옥새는 당신이 가져야 합니다.

☐ 6. 가족법인 설립과 운영에 필요한 초기 비용과 지속적인 관리의 고통을 기꺼이 감수할 용기가 있는가?

: 세상에 공짜는 없습니다. 위대한 것을 얻기 위해서는 반드시 그에 상응하는 대가를 치러야 합니다.

Part 3_ 가족의 신뢰: 성 안은 단결되어 있는가?

☐ 7. 나의 뒤를 이을 후계 구도(자녀, 배우자 등)가 명확하며, 그를 중심으로 사업을 재편할 의지가 있는가?

: 왕좌를 두고 다툼이 벌어지는 순간, 성은 안에서부터 무너집니다. 누구에게 힘을 실어줄지 정했습니까?

☐ 8. 나의 배우자와 자녀를 단순한 가족이 아닌, 내 제국을 함께 지킬 '원팀(One Team)'으로 신뢰하는가?

: 가족법인의 가장 큰 리스크는 국세청이 아니라 '가족'입니다. 이 질문에 1초라도 망설였다면 다시 생각하십시오.

☐ 9. 내 자산을 지키고 불리기 위해, 배우자에게 기꺼이 회사 지분을 나누어주고 권한을 위임할 수 있는가?

: 아직도 모든 것을 당신 혼자 짊어지려 하십니까? 가장 가까운 아군을 만들지 못하는 왕은 고립될 뿐입니다.

【진단 결과】

■ **0~2개 체크: 아직은 때가 아닙니다**

대표님, 아직 칼을 잡을 때가 아닙니다. 먼저 개인사업자로서, 혹은 현재의 자리에서 '재무적 기초'와 '리더의 마인드'를 더 단단하게 다지십시오. 이 책의 다른 챕터들을 다시 읽으며 내실을 다진 후, 1년 뒤에 이 체크리스트를 다시 펼쳐보십시오.

■ **3~6개 체크: 가능성을 증명했습니다**

대표님, 당신에게 성을 쌓을 가능성과 자질이 보입니다. 하지만 지금은 성문 앞에서 망설이고 있습니다. 이 망설임이 길어질수록 적들은 더 강해지고, 성벽을 쌓을 시간은 줄어듭니다. 지금 당장 전문가를 찾아가 가능성을 현실로 바꿀 설계도를 그려야 할 때입니다.

■ **7~9개 체크: 지금 당장 시작해야 합니다**

대표님, 무엇을 망설이십니까? 이미 왕의 자격을 갖추었습니다. 머릿속에는 제국의 청사진이 있고, 심장에는 실행할 용기가 있습니다. 당신에게 부족한 것은 오직 시간뿐입니다. 하루라도 늦추면, 매일 당신의 영토를 적에게 내주는 것과 같습니다. 지금 바로, 신뢰할 수 있는 전문가와 함께 '비스포크 가족법인' 설립의 첫 삽을 뜨십시오.

> **# 부록 2**
>
> ## 정관 샘플 예시
>
> 대표님, 지금부터 공개하는 자료들은 제가 실제 클라이언트들에게 제공하는 문서를 기반으로, 이 책의 독자들을 위해 특별히 재구성한 것입니다. 단순한 '샘플'이라고 생각하지 마십시오. 이 문서를 이해하고 활용할 수 있다면, 당신은 이미 평범한 대표를 넘어선 수준입니다.

정관 샘플: 왕의 옥새를 지키는 3대 독소 조항

시중의 법무사가 만들어주는 '깡통 정관'에는 절대 들어 있지 않은, **당신의 통제권을 영원히 지켜줄 3개의 핵심 조항**입니다. 이 조항이 없다면, 당신의 정관은 휴지 조각과 같습니다.

【정관 제 X조(주식의 양도 제한)】
① 주주는 이사회의 승인 없이는 주식을 타인에게 양도할 수 없다.
② 주주가 전항의 규정을 위반하여 주식을 양도한 경우, 회사는 그 양도의 효력을 인정하지 아니한다.

▶ **해석:** 당신의 허락 없이는 그 누구도, 심지어 당신의 자녀조차도 회사 주식을 외부

인에게 팔아넘길 수 없습니다. 사위나 며느리의 재산분할 요구 등 외부의 모든 위협으로부터 **당신의 제국을 원천적으로 방어하는 '절대 방어막'**입니다.

【정관 제 Y조(종류주식의 발행)】
① 본 회사는 보통주식 외에, 이익의 배당에 관하여 우선적 내용이 있는 종류주식(이하 '우선주')을 발행할 수 있다.
② 본 조에 따라 발행되는 우선주는 의결권이 없는 것으로 한다.

> 해석: 자녀들에게는 재산권의 상징인 '의결권 없는 우선주'를 증여하십시오. 자녀들은 배당이라는 경제적 이익은 풍족하게 누리되, 경영에는 간섭할 수 없습니다. '의결권 있는 보통주'는 당신이 보유하여, 제국의 **통제권을 영원히 행사**할 수 있습니다.

【정관 제 Z조(이사의 해임)】
① 이사의 해임은 주주총회 출석 주주의 의결권의 3분의 2 이상과 발행주식총수의 3분의 1 이상의 찬성으로 결의한다.
② 단, 제1항의 규정에도 불구하고 창업주인 OOO 대표이사의 해임은 발행주식총수 80% 이상의 찬성으로 결의한다.

> 해석: 설령 지분이 50% 이하로 떨어지더라도, 이 조항 하나만 있으면 **당신의 동의 없이는 그 누구도 당신을 대표이사 자리에서 끌어내릴 수 없습니다.**

#부록 3
목적 사업 예시

1. 광고·미디어·홍보 관련 사업

광고업 및 광고컨설팅업

광고기획 및 대행업

옥외광고업

광고매체 판매업

광고물 문안, 도안, 설계 등의 작성업

광고 관련 서비스업

광고영화 및 비디오물 제작업

영상 제작, 편집, 배포업

간판·사인 및 디자인 제작업

온라인 광고업

광고 및 광고대행업

홍보 및 이벤트 기획·운영업

2. 출판·도서·교육 콘텐츠 관련

도서 도소매업

도서 출판업

도서 수출입업

전자책 제작 및 출판업

서적 및 잡지류 도소매업

문구용품 도소매 및 제조업

교육정보 서비스업

온라인 교육 콘텐츠 제작 및 유통업

교육 관련 자문 및 컨설팅업

교육 서비스업

학원 운영업

세미나실 운영 및 임대업

교육 관련 콘텐츠 개발 및 유통업

기업교육 및 강사 파견업

3. IT·디지털·콘텐츠 사업

전자상거래업, 통신판매업

인터넷 쇼핑몰 운영업

포털 및 기타 인터넷 정보매개 서비스업

콘텐츠 제작 및 유통업

콘텐츠 저작권 관리업

미디어 콘텐츠 창작업

소프트웨어 개발, 공급 및 자문업

4. 부동산 및 수익형 자산 관리

부동산 매매업

부동산 임대 및 전대업

부동산 관리업

부동산 관련 컨설팅 및 용역사업

5. 기타 사업

인쇄 및 판촉물 제작업

무점포 소매업

생활용품 도소매업

매니지먼트 및 에이전시 사업

주류 도소매 및 수출입업

방송영상물 제작 및 판매업

신문 출판 및 발행업

경영컨설팅업

취업알선 및 근로자 파견업

인력공급 및 용역업

<실무 조언>

1) 정관에는 사업 목적을 폭넓게 기재하되, 실제 업종 코드와 매출은 집중적으로 운영하는 것이 좋다.
2) 벤처기업 확인, 창업세액감면, 부가가치세 간이/ 일반 여부 등에 따라, 일부 사업 목적은 나중에 추가하는 것을 추천한다.

부록 4
세무사에게 반드시 물어야 할 절대 질문 리스트 10

세무사를 만나서 무엇을 물어봐야 할지 막막하신가요?

큰 결심 끝에 가족법인을 만들기로 한 지금, '내 편'이 되어줄 든든한 세무사를 찾아 나서야 합니다. 하지만 상담 예약을 잡고 나면 이렇게 생각하게 됩니다.

"가서 뭘 물어봐야 하지?", "괜히 어설픈 질문을 했다가 무시당하면 어쩌지?"

대표님이 사업 전문가는 맞지만, 세금 전문가는 아니니까 당연한 고민입니다. 걱정하지 마십시오. 지금부터 대표님의 손해를 막아주는 절대 질문 리스트를 드리겠습니다.

이 리스트에는 복잡한 세법 용어 없이, 대표님이 실제로 궁금해하는 핵심만 담았습니다. 세무사가 원론적인 이야기만 한다면, 그는 대표님의 진짜 파트너가 아닙니다. 반대로, 마치 자기 일처럼 구체적인 방법을 술술 제시한다면, 바로 그 사람이 '진짜 내 편'입니다.

단, 너무 테스트하려 들 필요는 없습니다. 설령 그 세무사가 가족법인 전문이 아니더라도, 다른 전문 분야에서 활발히 활동하며 충분한 경험을 쌓아왔을 수 있기 때문입니다.

진짜 실력자인지 알아보는 10가지 쉬운 질문

1. "저희 가족, 회사 지분은 어떻게 나눠 갖는 게 황금비율일까요?"

   이렇게 대답하면 '초보': "대표님 100%로 하시거나, 배우자 님과 반반 하시면 됩니다. 미성년자 자녀는 세무조사 나오니까 넣으시면 절대 안 됩니다."

   이렇게 대답하면 '진짜 전문가': "따님이 곧 대학 가시죠? 설립할 때 미리 지분을 주면 나중에 증여세 걱정 없이 가능합니다. 가족 전체의 세금까지 계산해 **최적의 비율**을 찾아드리겠습니다. 미성년자도 꼭 포함해야 합니다. 나중에 성인이 되어 증여하면 세금 부담이 커집니다. 리스크는 제가 관리하겠습니다."

2. "제 개인사업(공장)을 법인으로 바꿀 때, 세금 폭탄 안 맞는 최고의 방법은 뭔가요?"

   이렇게 대답하면 '초보': "방법은 여러 가지가 있는데, 좀 복잡합니다."

   이렇게 대답하면 '진짜 전문가': "가게가 오래돼 가치가 많이 올랐으니, 법인에게 권리금(영업권)을 받고 팔 수 있습니다. 만약 부동산이 있다면 **현물출자**를 활용해 양도세를 나중으로 미루고, 그 세금을 사업에 재투자할 수 있습니다. 가족법인 설립에 최적화된 맞춤 방법(Bespoke)을 만들어드리겠습니다."

3. "법인 돈, 제가 가장 세금을 적게 내고 가져오는 똑똑한 방법은 무엇인가요?"

   이렇게 대답하면 '초보': "급여나 배당으로 가져가셔야죠. 세금은 내셔야 합니다."

   이렇게 대답하면 '진짜 전문가': "급여와 배당이 기본이지만 **이익소각, 장기 퇴직금**

인출 등 다양한 방법으로 세금을 최소화할 수 있습니다. 세금 없는 길, 적게 내는 길을 종합적으로 설계합니다."

4. "대표들이 회사 돈 막 썼다가 나중에 세금을 맞는다던데, 이걸 막으려면 어떻게 해야 하나요"

이렇게 대답하면 '초보': "회사 돈은 절대 쓰시면 안 됩니다. 관리 잘하세요."

이렇게 대답하면 '진짜 전문가': "대표님도 모르게 발생할 수 있는 **가지급금**까지 철저히 관리합니다. 위험한 거래가 있으면 바로 알려드리고, **문제가 생기기 전에 미리 방지**합니다."

5. "회사에 돈이 쌓이면 나중에 세금 폭탄이 된다는데, 미리 제거할 방법은 무엇이죠?"

이렇게 대답하면 '초보': "이익이 많이 나는 건 좋은 거죠. 나중에 생각하면 됩니다."

이렇게 대답하면 '진짜 전문가': "맞습니다. '행복한 시한폭탄'이 될 수 있습니다. 매년 이익의 일부를 배당으로 조금씩 빼내서 '김'을 빼줘야 합니다. 제가 매년 '폭탄 제거 계획표'를 만들어 관리합니다."

6. "예전에 친구 이름으로 해둔 주식, 조용히 제 이름으로 가져올 방법은 없나요?"

이렇게 대답하면 '초보': "차명주식은 위험한데…… 이건 좀 힘듭니다."

이렇게 대답하면 '진짜 전문가': "대표님, 솔직하게 말씀해주셔서 감사합니다. 가장 좋은 건 국가에서 인정해주는 제도를 통해 '사실 제 겁니다'라고 신고하는 겁니다. 제가 그 요건이 되는지 꼼꼼히 봐드리고, 만약 안 되면 세금을 가장 적게 내는 방법으로 친구분에게서 사 오는 '안전한 시나리오'를 짜서 보여드리겠습니다. 이 방법이 아니라면 주식가치를 줄여서 가져올 수 있는 방법이나 특수관계가 없다면 좀 저렴하게 주식을 이전해올 수 있는 방법을 찾아드리겠습니다."

7. "법인 이름으로 건물을 사는 게 유리한가요, 제 개인 이름으로 사는 게 유리한가요?"

이렇게 대답하면 '초보': "법인으로 사면 대출이 잘 나옵니다."

이렇게 대답하면 '진짜 전문가': "주택은 법인으로 사면 안 됩니다. 세금이 오히려 너무 많이 나옵니다. 상가나 꼬마빌딩 같은 근생상가는 법인으로 취득하면 좋습니다. 그런데 취득할 때 가족들의 지분을 어떻게 넣고 취득자금을 어떻게 조달해야 하는지에 따라 여러 가지 세금 문제가 발생할 수 있습니다. 대표님의 계획을 말씀해주시면, 제가 계산기를 두드려서 숫자로 딱 보여드리겠습니다."

8. "나중에 아들한테 회사를 물려줄 때, 세금 제일 적게 내려면 지금부터 뭘 준비해야 할까요?"

이렇게 대답하면 '초보': "그건 나중에 걱정할 일이죠. 아직 한참 남았습니다."

이렇게 대답하면 '진짜 전문가': "지금이 가장 중요합니다. 회사 가치가 더 오르기 전에, 일부러 회사에 투자를 늘리거나 배당해 '회사 몸값'을 잠시 낮춘 타이밍에 증여해야 합니다. 마치 주식 저점에서 사듯이 말이죠. 주식가치를 낮출 수 있는 몇 가지 방법이 있습니다. 제가 매년 회사 가치를 체크해 **증여 최적 시점**을 알려드리겠습니다."

9. "세무조사 나온다고 하면 겁부터 나는데, 절대 걱정 없게 관리해주실 수 있나요?"

이렇게 대답하면 '초보': "저희가 잘 신고하니까 괜찮을 겁니다."

이렇게 대답하면 '진짜 전문가': "걱정하지 마십시오. 평소에 세무서에서 주로 보는 위험한 항목들은 미리 확인하고 있습니다. 만약 조사가 나와도, 대표님은 사업에만 집중하십시오. 모든 서류와 대응은 제가 대신 처리하겠습니다."

10. "그래서, 계약하면 구체적으로 뭘 어떻게 해주시나요?"

이렇게 대답하면 '초보': "장부 정리하고, 세금 신고 제때 해드립니다."

이렇게 대답하면 '진짜 전문가': "기본 신고는 당연히 합니다. 하지만 **가족법인을 통한 증여와 상속 계획**까지 설계하고 관리합니다. 단순 기장이 아닌, **가족법인 관리 서비스**라고 생각하시면 됩니다."

이제 당신의 가족이
'우리 회사'를 만듭니다

에필로그

"이제 자녀들은 더 이상 당신의 사업을 '아빠 회사'라고 부르지 않을 것입니다. '우리 회사'라고 부르게 될 것입니다."

이 책의 마지막 페이지를 넘기는 대표님께, 진심으로 경의를 표합니다.

결코 쉽지 않은 여정이었습니다. 현물출자, 가수금, 이익잉여금 출구전략……. 어쩌면 대표님의 사업 현장과는 거리가 먼, 낯설고 복잡한 이야기였을지도 모릅니다.

하지만 이 모든 것을 관통하는 단 하나의 진실을, 대표님께서는 분명히 발견하셨을 겁니다. 가족법인은 단순한 '회사'가 아니라, 바로 당신 '가족의 기업(企業)'이라는 사실을 말입니다.

이 둘의 차이를 아십니까?

'회사'는 이익을 내고 세금을 내는 법적인 실체에 불과합니다. 그러나 '가족의 기업'은 다릅니다. 그것은 대표님의 피와 땀, 그리고 철학이 담긴 살아 있는 유산입니다. 세금이라는 외부의 리스크와 예측 불가능한 경제 위기로부터 우리 가족의 자산을 지휘하는 정교한 '성(城)'이자, 다음 세대의 성공을 향해 나아가는 강력한 '플래그십(Flagship)'입니다.

이 책을 읽기 전, 당신은 누구였습니까?

매년 5월이면 세금 걱정에 밤잠 설치고, 혼자 모든 책임을 짊어진 외로운 '개인사업자'였을지 모릅니다. 또는 연말정산 좀 더 받으려는 근로소득자였을지 모릅니다.

하지만 이제 당신은 누구입니까?

당신은 더 이상 외로운 개인이 아닙니다. 당신은 비즈니스 제국을 이끄는 '설계자'이며, 당신의 가족은 그 미래를 함께 만들어갈 가장 믿음직한 '파트너'입니다.

가족법인은 바로 그 위대한 설계의 시작입니다.

배우자와 자녀에게 지분을 나누어주는 행위는 단순한 부의 분산이 아닙니다.

"이것은 더 이상 나 혼자만의 회사가 아니라, 우리 모두의 미래를 위한 플랫폼이다. 함께 기회를 만들고, 함께 성공을 이끌자"라는 신성한 약속이자 선언입니다.

이제 자녀들은 더 이상 당신의 사업을 '아빠(또는 엄마) 회사'라고 부르지 않을 것입니다. 그들은 '우리 회사'라고 부를 것이며, 월급

날만 기다리는 직원이 아니라, 회사의 성장이 곧 나의 성장임을 깨닫는 주인이 될 것입니다. 이보다 값진 상속이 있을까요?

대표님,

저는 이 책에서 단순히 세금을 줄이는 기술을 알려드리고자 한 것이 아닙니다. 대표님의 사업을 '가족의 역사'로 만들고, 부를 '다음 세대의 기회'로 연결하는 시스템을 설계하는 방법을 알려드리고 싶었습니다.

이제 책을 덮으십시오. 그리고 당신의 가족을 보십시오. 그들의 눈을 보며, 당신이 꿈꾸는 미래와 만들고 싶은 비즈니스 제국에 대해 이야기하십시오.

더 이상 망설이지 마십시오. 혼자 무거운 짐을 짊어지려 하지 마십시오. 가장 강력한 파트너인 가족과 함께, '가족법인'이라는 가장 정교한 성(城)을 세우십시오. 그 지휘 아래, 가족은 하나의 팀이 될 것이며, 부는 스스로 증식하는 시스템이 될 것입니다.

지금 바로, 당신 가족의 위대한 역사를 시작하십시오.

행동하십시오!